CUIDADO!

Este livro contém idéias que podem ser prejudiciais ao seu modo de vida atual. Sua aceitação irrestrita resultará em acessos doentios de felicidade, saúde, prosperidade e realização.

CUIDADO!

Esta foi, contém ideias que podem ser prejudiciais ao seu modo de vida atual. Sua reflexão sobre o assunto em que está contido o seu maior saber, pode mudar sua realidade.

Sucesso Sem Esforço

BEM VINDO!

Fred Gratzon

Sucesso Sem Esforço

Como não fazer nada e conseguir tudo

Tradução
ROSANE ALBERT

Ilustrado por
LAWRENCE SHEAFF

EDITORA CULTRIX

São Paulo

Título original: *The Lazy Way to Success*.

Copyright © 2003 Fred Gratzon.

Todos os direitos reservados. Nenhuma parte deste livro pode ser reproduzida ou usada de qualquer forma ou por qualquer meio, eletrônico ou mecânico, inclusive fotocópias, gravações ou sistema de armazenamento em banco de dados, sem permissão por escrito, exceto nos casos de trechos curtos citados em resenhas críticas ou artigos de revistas.

A Editora Pensamento-Cultrix Ltda. não se responsabiliza por eventuais mudanças ocorridas nos endereços convencionais ou eletrônicos citados neste livro.

Dados Internacionais de Catalogação na Publicação (CIP)
(Câmara Brasileira do Livro, SP, Brasil)

Gratzon, Fred
  Sucesso sem esforço: como não fazer nada e conseguir tudo / Fred Gratzon; tradução Rosane Albert; ilustrado por Lawrence Sheaff. -- São Paulo: Cultrix, 2006.

  Título original: The lazy way to success: how to do nothing and accomplish everything.
  ISBN 85-316-0954-2

  1. Autoconfiança 2. Conduta de vida 3. Felicidade 4. Sucesso
  I. Sheaff, Lawrence. II. Título

06-6193   CCD-158.1

Índices para catálogo sistemático:
1. Sucesso sem esforço: Psicologia aplicada 158.1

O primeiro número à esquerda indica a edição, ou reedição, desta obra.
A primeira dezena à direita indica o ano em que esta edição, ou reedição, foi publicada.

Edição	Ano
1-2-3-4-5-6-7-8-9-10-11	06-07-08-09-10-11-12-13-14

Direitos de tradução para a língua portuguesa
adquiridos com exclusividade pela
EDITORA PENSAMENTO-CULTRIX LTDA.
Rua Dr. Mário Vicente, 368 — 04270-000 — São Paulo, SP
Fone: 6166-9000 — Fax: 6166-9008
E-mail: pensamento@cultrix.com.br
http://www.pensamento-cultrix.com.br
que se reserva a propriedade literária desta tradução.

Aos que buscam a verdade, a justiça e o mínimo esforço

onde existe a vida e o mundo gira

Sumário

Introdução: Como desmascarar o mito de dar duro no trabalho 11

Sobre o autor: Preguiçoso de coração 17

Capítulo 1 Trabalho??? 23

Capítulo 2 Em louvor à preguiça 27

Capítulo 3 À procura do mínimo esforço 37

Capítulo 4 Como ser bem-sucedido sem trabalhar – Parte 1: Diversão e jogos 51

Capítulo 5 Como ser bem-sucedido sem trabalhar – Parte 2: Paixão 61

Capítulo 6 À procura da sua vocação 71

Capítulo 7 O máximo desempenho 85

Capítulo 8 O modo preguiçoso para atingir o poder e a eficiência 97

Capítulo 9 O modo preguiçoso (e único) de resolver os problemas 107

Capítulo 10 O modo preguiçoso de liderar sem esforço 121

Capítulo 11 O modo preguiçoso de ter sorte 135

Capítulo 12 O segredo preguiçoso das idéias geniais 153

Capítulo 13 Como encontrar o sucesso nos fracassos, acidentes, erros, obstáculos e reveses 161

Capítulo 14 Como não fazer nada e conseguir tudo 181

Apêndice I O modo mais fácil de não fazer nada 199

Apêndice II Agradecimento especial 208

Apêndice III Agradecimentos 209

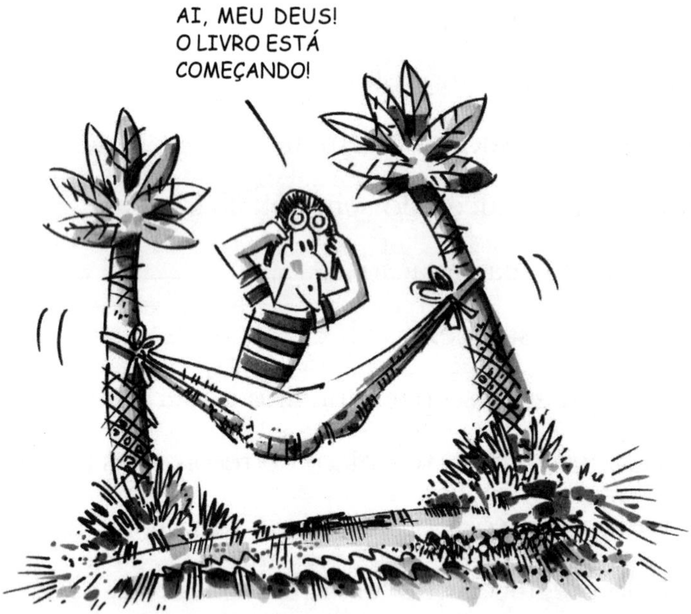
AI, MEU DEUS!
O LIVRO ESTÁ
COMEÇANDO!

INTRODUÇÃO

Como desmascarar o mito de dar duro no trabalho

ESTA COISA TEM CINTO DE SEGURANÇA?

INTRODUÇÃO

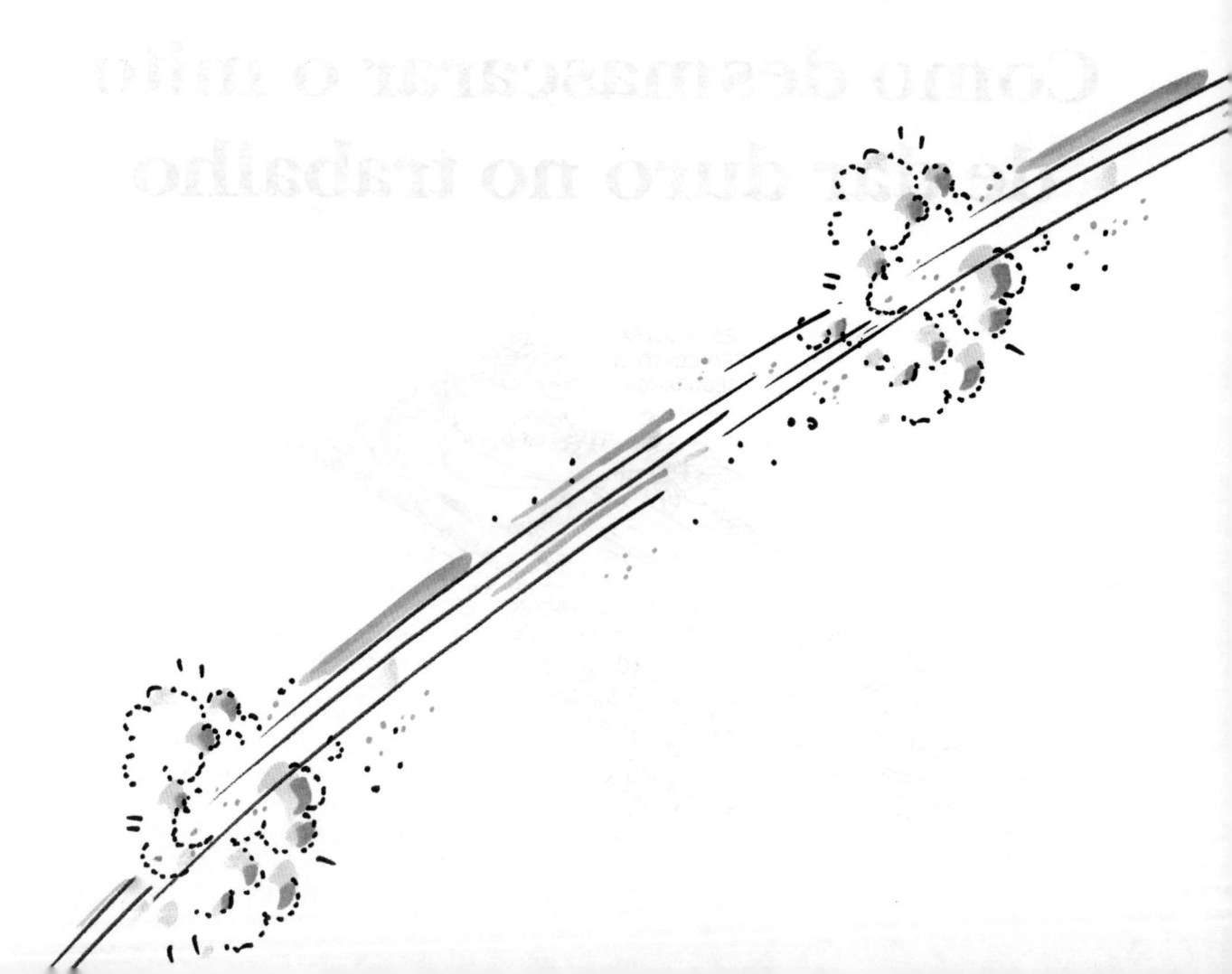

Como desmascarar o mito de que dar duro no trabalho

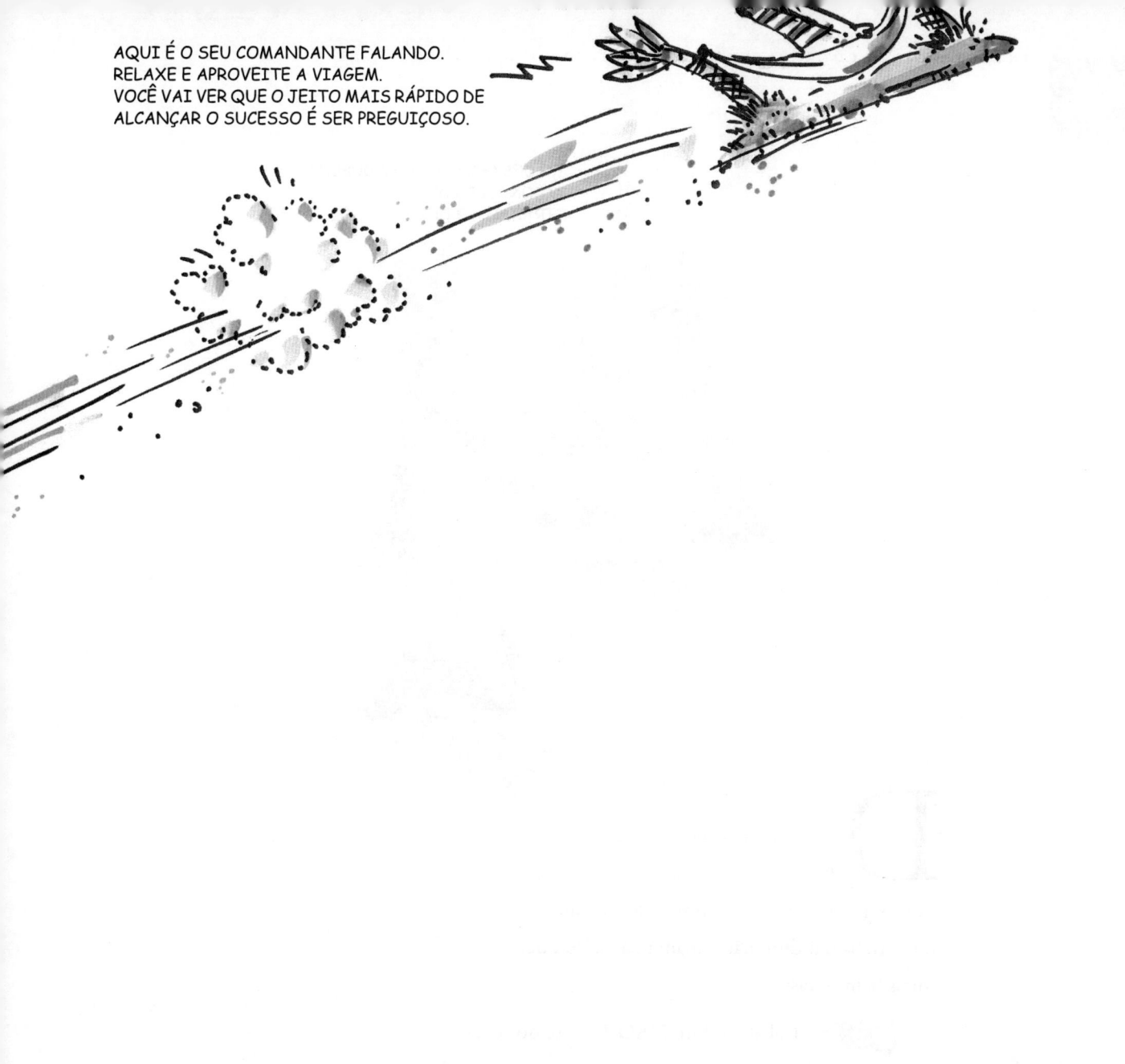

AQUI É O SEU COMANDANTE FALANDO.
RELAXE E APROVEITE A VIAGEM.
VOCÊ VAI VER QUE O JEITO MAIS RÁPIDO DE
ALCANÇAR O SUCESSO É SER PREGUIÇOSO.

> EU DESAFIO PARA UM DUELO O CONCEITO DE "TRABALHAR DURO".
>
> PUFE!

Detesto ser o primeiro a lhe dizer isso. Na verdade, eu *adoro* ser o primeiro a lhe dizer isso. Assim, aí vai: – trabalhar duro não adianta nada. Vou deixar as coisas bem claras:

- Trabalhar duro NÃO é a base do sucesso.
- Trabalhar duro não tem nada a ver com ser bem-sucedido.
- Se, por acaso, o sucesso e o trabalho duro forem encontrados juntos, isso não passa de mera coincidência; definitivamente não existe aí nenhuma relação de causa e efeito.

Sei que isso vai ser encarado como uma heresia pelas hordas de dragões fétidos que, com hálito abrasador, nos exortam a trabalhar duro, a arrebentar nossas vísceras e até mesmo a suportar a dor para que, então, possamos vencer. Eu digo que agora é a hora de liquidar essa besta nociva chamada Trabalho Duro. Eu, portanto, jogo ao chão minha manopla de ferro para declarar alegremente as seguintes verdades:

- O sucesso é *inversamente proporcional* ao trabalho pesado.
- As pessoas que apóiam publicamente as virtudes do trabalho duro estão praticando um desserviço à humanidade porque o trabalho duro é, de fato, contraproducente em relação ao sucesso.
- O impulso de achar meios de evitar o trabalho rege todo o progresso da civilização.
- A experiência espiritual mais profunda, mais densa, mais completa que você pode ter baseia-se em não fazer nada. *Absolutamente* nada.

Venha se juntar a mim nesta busca que vai lhe abrir os olhos, como num passe de mágica, e fazê-lo perceber por si mesmo que o único modo de alcançar o sucesso é *evitar o trabalho*. Você também vai constatar que os verdadeiros heróis e heroínas responsáveis por todos os avanços e sucessos da sociedade têm sido, e sempre serão, essencialmente pessoas preguiçosas.

Você também vai descobrir como conseguir tudo *não fazendo nada*.

TRABALHO!
RESPONSABILIDADE!
CARREIRA!
MATURIDADE!
GANHAR A VIDA!
FUTURO!
EMPREGO FIXO!

SOBRE O AUTOR

Preguiçoso de coração

Aleluia, eu sou um vadio! Aleluia, mais uma vez vadio!

Canção Popular dos Anos de 1930

Era 1969 e eu estava muito cabeludo. A minha cabeça não via uma tesoura fazia mais de ano. Eu me arrumava no meu dia-a-dia com meu traje de verão – um macacão esfarrapado. Sem camiseta. Sem sapatos. Sem meias. Sem cueca. Nada que impedisse a minha liberdade de movimentos.

Meu pai estava preocupado. Eu tinha acabado de me formar na faculdade – na Rutgers University – e, segundo ele, não tinha mostrado a menor propensão para trabalhar. O período mais longo em que eu permanecera num trabalho fora dois meses, uma estatística que ele, cheio de angústia, freqüentemente repetia para mim.

Sim, o meu pai estava preocupado. E com razão, pensava ele. Vejam, mais uma vez eu tinha acabado de ser despedido e, nessa ocasião, de um emprego público – era uma proeza difícil de se entender e que exigia algum esforço de imaginação, especialmente por parte do meu pai. Era hora, pensava ele, de pai e filho terem uma conversa.

Inspirado pelo mais recente artigo que lera numa revista, sobre "Como Construir uma Ponte sobre o Abismo entre as Gerações", Papai começou a falar esperando realizar um grande feito arquitetônico – uma ligação única entre a sua psicologia forjada na Depressão dos anos 30 com os anos 60 dos Hippies em toda a sua glória cabeluda e barbuda.

"Filho, você tem algum plano para o futuro?"

"Estou muito contente por você ter perguntado", respondi numa onda de entusiasmo não reprimido. "Pensei em ir de carona até o México e surfar na costa de Mazatlán. Quer vir comigo?"

Isso desencadeou uma erupção vulcânica de fúria que meu Pai tentava conter. Eu podia praticamente ver os hemisférios do seu cérebro rangendo.

"Filho", disse ele quando recuperou o controle, "não é isso que eu tenho em mente. Quero saber se você tem algum plano sério para seguir uma carreira."

"Estou levando a sério a minha carreira de baterista de banda de rock", respondi calorosamente. Então já era possível praticamente ver a bílis dele ficando turva.

"Você não ganhou um tostão com essa maldita bateria", Papai berrou.

"Não é bem assim", eu disse, querendo sair pela tangente.

"Duas miseráveis festas de universitários não fazem uma carreira", Papai contrapôs. "E agora você quer percorrer o país como um vagabundo. Você está desperdiçando a sua vida e não está indo a lugar nenhum. Você tem de começar a pensar em construir uma carreira. Pedir demissão ou ser despedido a cada dois meses é ridículo."

Ele fez uma pausa para acalmar o estômago. "Meu Deus, Fred", ele lamentou, "aquele emprego público era uma moleza."

"Era terrível!", protestei. "Você não tem idéia de como a burocracia pode ser sem graça, restrita, mesquinha, idiota e completamente fora de contexto. Sinceramente, agora eu me sinto livre."

"Livre! Livre!" A voz dele subia em diapasão, volume, descrença e aborrecimento. "Que maldição, Fred, você precisa ser mais realista em relação à sua vida. Essa sua atitude leviana tem de mudar."

"Não sou leviano."

"Não é o quê!" Papai estava espumando agora. "Você quer brincar o tempo todo. Você não é mais criança. O tempo de brincar já passou. Agora que você já saiu da faculdade é hora de tomar um rumo, ser responsável, conseguir um emprego e ganhar a vida."

"Eu trabalho quando preciso", eu insisti.

"É isso que estou querendo dizer", Papai berrou. "Alguém tem de apontar uma arma para a sua cabeça para que você trabalhe. Ouça, eu sou seu pai, sei quem você é. Essa é a espécie de preguiça que você contraiu: chega a extremos para evitar o trabalho e, então, quando não tem outra escolha, dá duro tentando deixar o trabalho mais fácil do que seria se você apenas fizesse o que era exigido de início. *Você nunca irá adiante com essa atitude!*"

AH, O MÉXICO, ONDE EU ME APAIXONEI PELA PRIMEIRA VEZ PELAS REDES.

Papai estava triunfante. Finalmente conseguira expor o seu ponto de vista. De maneira firme e inequívoca. Convincentemente. Agora, ele achava que tudo era apenas uma questão de tempo. Fred iria ficar mais velho, mais maduro. Cairia em si e iria arrumar um trabalho para ganhar a vida.

Só para constar, essa discussão terminou numa temporada de retiro no México – fui de carona para lá e deixei meu pai sozinho (e sacudindo a cabeça exasperado) em Nova Jersey. Foi demais para o seu sonho de construir uma ponte pênsil.

Mas Papai estava certo com relação a uma coisa – sim, com o tempo fiquei mais velho, muito mais velho. Casei-me com uma garota maravilhosa e assumi muitas responsabilidades – em primeiro lugar, entre todas elas, o meu maravilhoso filho Jake. Ensinei a técnica de Meditação Transcendental durante muitos anos. Comecei dois negócios. O primeiro fez com que o meu perfil fosse mostrado nas revistas *People, Fortune, Forbes, Newsweek,* nos jornais *New York Times* e *Wall Street Journal,* juntamente com inúmeras outras revistas e jornais, além de ser entrevistado nos programas *Today, Good Morning*

America, *CBS Morning News* e *NBC Evening News*, e muitos outros shows de rádio e televisão. Aquele negócio também me levou a ser convidado para ir à Casa Branca. Duas vezes. Minha segunda empresa me projetou para a Divisão Especial do Campeonato. Atingiu o número de 1.100 empregados, e foi declarada a segunda empresa de crescimento mais rápido nos Estados Unidos pela revista *Inc.*, com $400 milhões em vendas anuais, sendo comercializada publicamente na NASDAQ.

Passando por tudo isso, nem por um segundo mudei minha atitude em relação ao trabalho. Os meus colegas *viciados em trabalho* ainda me acusam de ser preguiçoso, ou de estar sempre procurando um jeito de evitar o trabalho, ou de só querer me divertir. E diante de todas essas acusações eu pronta e orgulhosamente me declaro culpado.

E, ainda assim, todos esses atributos que meu pai e outras almas pensantes semelhantes condenam como falhas de caráter têm se mostrado, ao contrário, combustível para o foguete que leva ao sucesso estratosférico. Eu até mesmo acho que aquelas características chamadas de "preguiçosas, fantasiosas e irrealistas" são absolutamente essenciais para o avanço da civilização e para a geração de imensas somas de riquezas, sem mencionar que elas são a chave para a alegria e a realização.

Sei que esta é uma posição controvertida. Ela obviamente vai contra a sabedoria tradicional – e estou sendo caridoso ao empregar a palavra "sabedoria" aqui. Mas estou convencido de que estou certo. Para transmitir o meu pensamento e levar alegria, prosperidade, saúde e realização para outras pessoas, escrevi este livro. E, como você já deve ter adivinhado a esta altura, não trabalhei nele nem um pouquinho. Em vez disso, me diverti.

MERGULHAR DE CABEÇA NO TRABALHO

TRABALHAR FEITO UM ESCRAVO

TRABALHAR COMO UM CONDENADO

SUAR A CAMISA

RALAR ATÉ OS OSSOS

CAPÍTULO 1
Trabalho???

Você é jovem. É saudável.
Você quer trabalhar pra quê?

DO FILME: **Arizona nunca Mais**

Se trabalhar é coisa boa, por que o trabalho é chamado de amolação? Por que quem trabalha fala que está dando duro? O local de trabalho é chamado de batente? O chefe é comparado a um carrasco? O ambiente de trabalho em geral é uma competição feroz na qual uns devoram os outros?

Por quê? Porque trabalhar é ruim, esse é o motivo.

E qual é o meio de se alcançar o sucesso nessa atividade miserável chamada trabalho? O conselho que Simon Legrees nos dá é: "Mergulhe de cabeça no trabalho!"

Isso parece mais uma fórmula de sucesso vinda diretamente do inferno.

Vamos encarar isso de frente: matar-se de trabalhar não é exatamente a descrição de uma vida divertida.

Do meu ponto de vista, a principal diferença entre trabalhar e cumprir uma pena de trabalhos forçados é que no primeiro caso as pessoas trabalham duro voluntariamente.

Os questionáveis frutos do trabalho

A pergunta que me ocorre é – alguém alguma vez encontrou riqueza, saúde ou realização

- Mergulhando de cabeça no trabalho?
- Trabalhando como um condenado?
- Ralando até os ossos?
- Trabalhando feito um escravo?
- Suando a camisa?
- Pegando firme no batente?

Em vez de ser bem-sucedida por meio desse tipo de trabalho, a pessoa se torna infeliz, sem criatividade, esgotada e doente. E, então, morre cedo.

Trabalhar é antinatural. Ataques cardíacos, úlceras, dores de cabeça, alcoolismo, uso abusivo de drogas, famílias desfeitas, congestionamentos, insônia e má digestão (provavelmente causada depois de um dia estressante engolindo sapos) são conseqüências imediatas do trabalho.

Então, qual é a alternativa?

Fico aliviado por você ter perguntado.

A alternativa é evitar completamente o trabalho e, em conseqüência, alcançar resultados que vão além dos seus sonhos mais delirantes.

As lições deste livro vão mostrar a você o caminho para o sucesso – riqueza, saúde, realização e satisfação. Vão lhe mostrar também que o caminho para o sucesso está na direção diametralmente oposta ao trabalho pesado.

John F. Kennedy

Quando John F. Kennedy estava fazendo campanha para a presidência na Virgínia Ocidental, ele falou a um grupo de trabalhadores de minas de carvão. Um deles perguntou bruscamente: "O que é que o senhor sabe a respeito da nossa situação? O senhor não trabalhou sequer um dia na sua vida."

"É verdade", disse o Senador Kennedy humildemente.

"Tudo bem", ironizou um outro mineiro. "O senhor não perdeu nada."

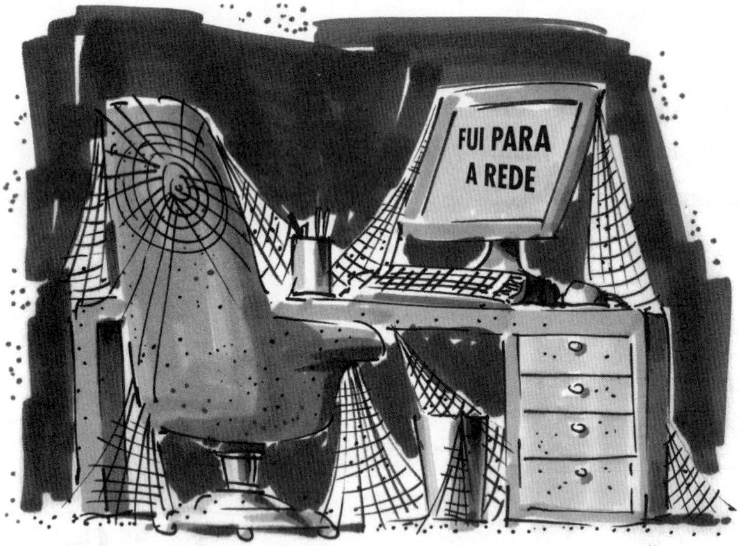
FUI PARA
A REDE

CAPÍTULO 2

Em louvor à preguiça

Il fait trop beau pour travailler.

(Tradução: O dia está lindo demais para trabalhar.)

Ditado francês

> MAS O DIA ESTÁ SEMPRE LINDO DEMAIS PARA TRABALHAR. N'EST-CE PAS?

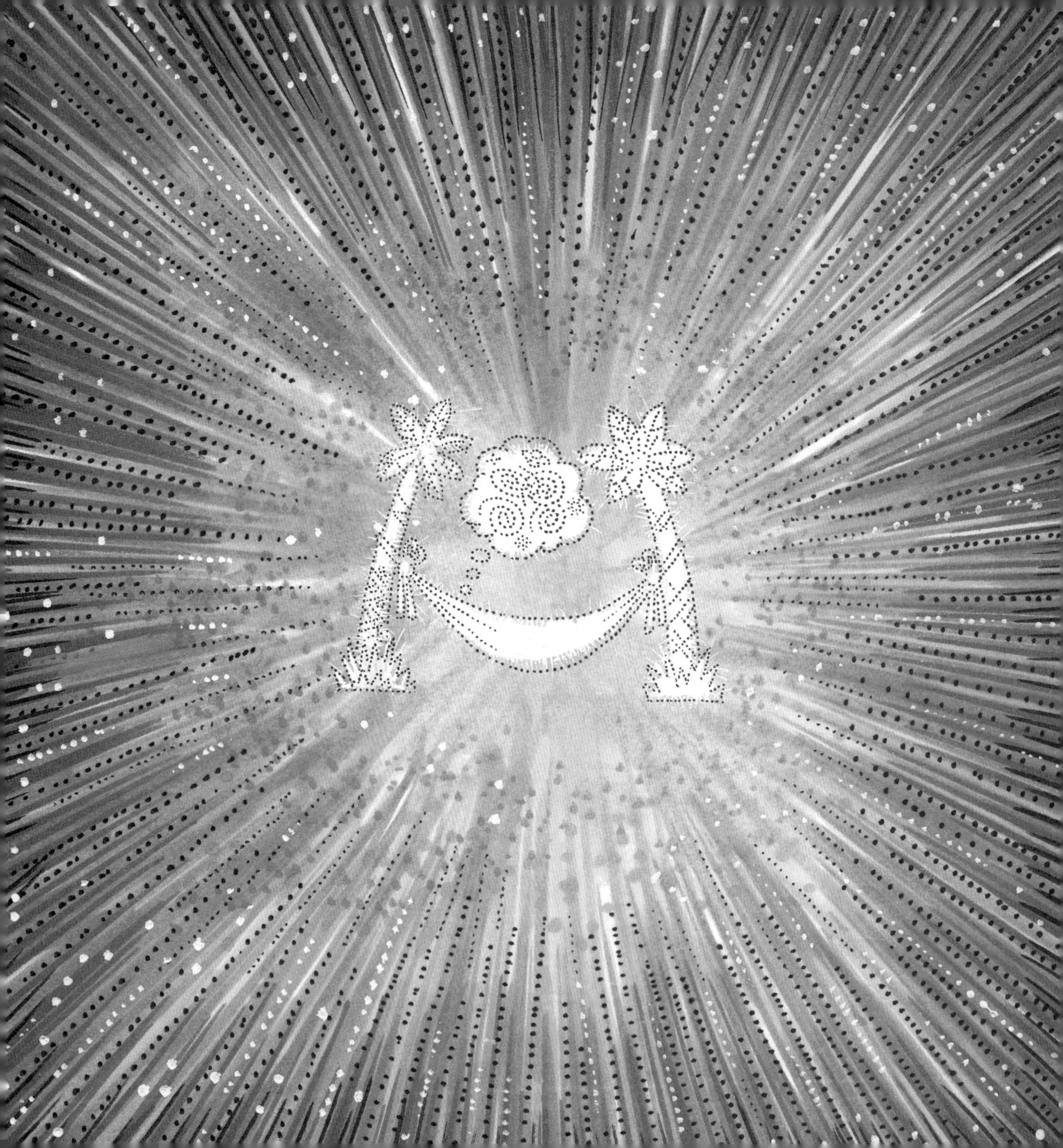

A preguiça é o impulso para evitar o trabalho ou, num cenário mais dramático, fazer o mínimo possível. Este é um impulso admirável. Deveríamos nos orgulhar dele, e alimentá-lo, porque este impulso não só está inteiramente de acordo com as leis da natureza, como é a chave para o grande sucesso. O indivíduo que tira vantagem inteligentemente da preguiça que Deus lhe deu consegue realizar qualquer coisa.

Deus foi muito generoso quando nos deu a dádiva da preguiça. Deus nunca teve a intenção de nos fazer trabalhar. Ele, como todos os pais, queria que Seus filhos seguissem os Seus passos – não trabalhando.

No começo...

Quando Deus criou o universo, Ele não trabalhou para fazer isso. Como um ser grandioso, como Deus poderia considerar a criação um trabalho? Deus é onipotente. Sendo este o caso, Ele certamente não teve de levantar nenhum peso. Sendo Deus onisciente, Ele obviamente não precisou suar para completar os detalhes. E, sendo onipresente, não precisou nem mesmo se deslocar para o local. Então, que trabalho ele teve?

Dadas as qualidades de Deus, só podemos chegar a uma conclusão – o ato da criação foi apenas um delicado movimento de Sua mente ilimitada. Pensar de outra maneira é subestimar grosseiramente o infinito poder e a glória do nosso Criador. Mas esta não é a melhor parte. O detalhe mais prazeroso é que, depois de levar seis dias naquilo que evidentemente não Lhe exigiu o mínimo esforço, Deus *descansou*.

Já que Deus nos criou à sua imagem, vamos também expressar essa bênção magnífica em nossa vida. Vamos criar sem esforço durante seis dias e descansar no sétimo.

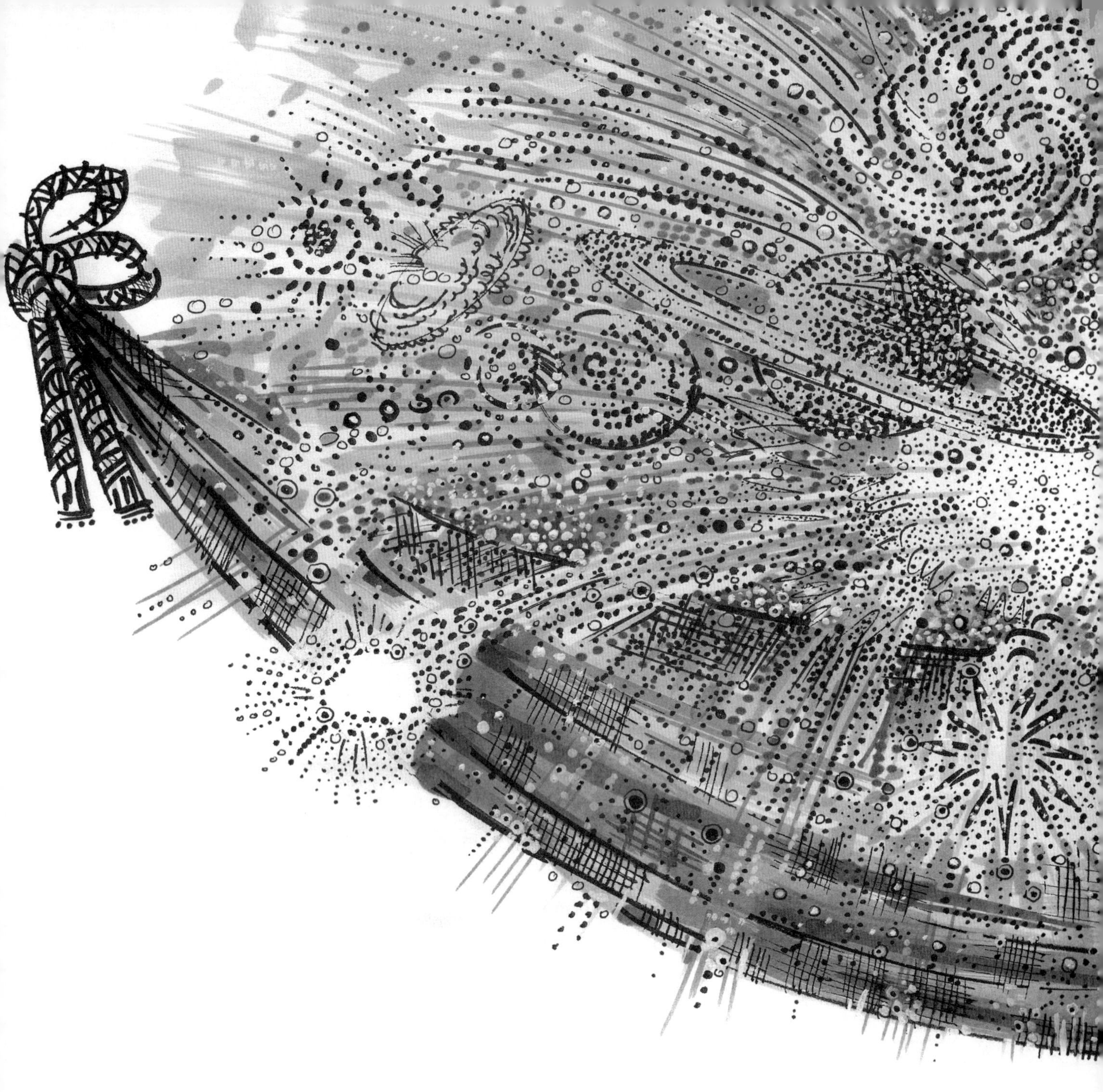

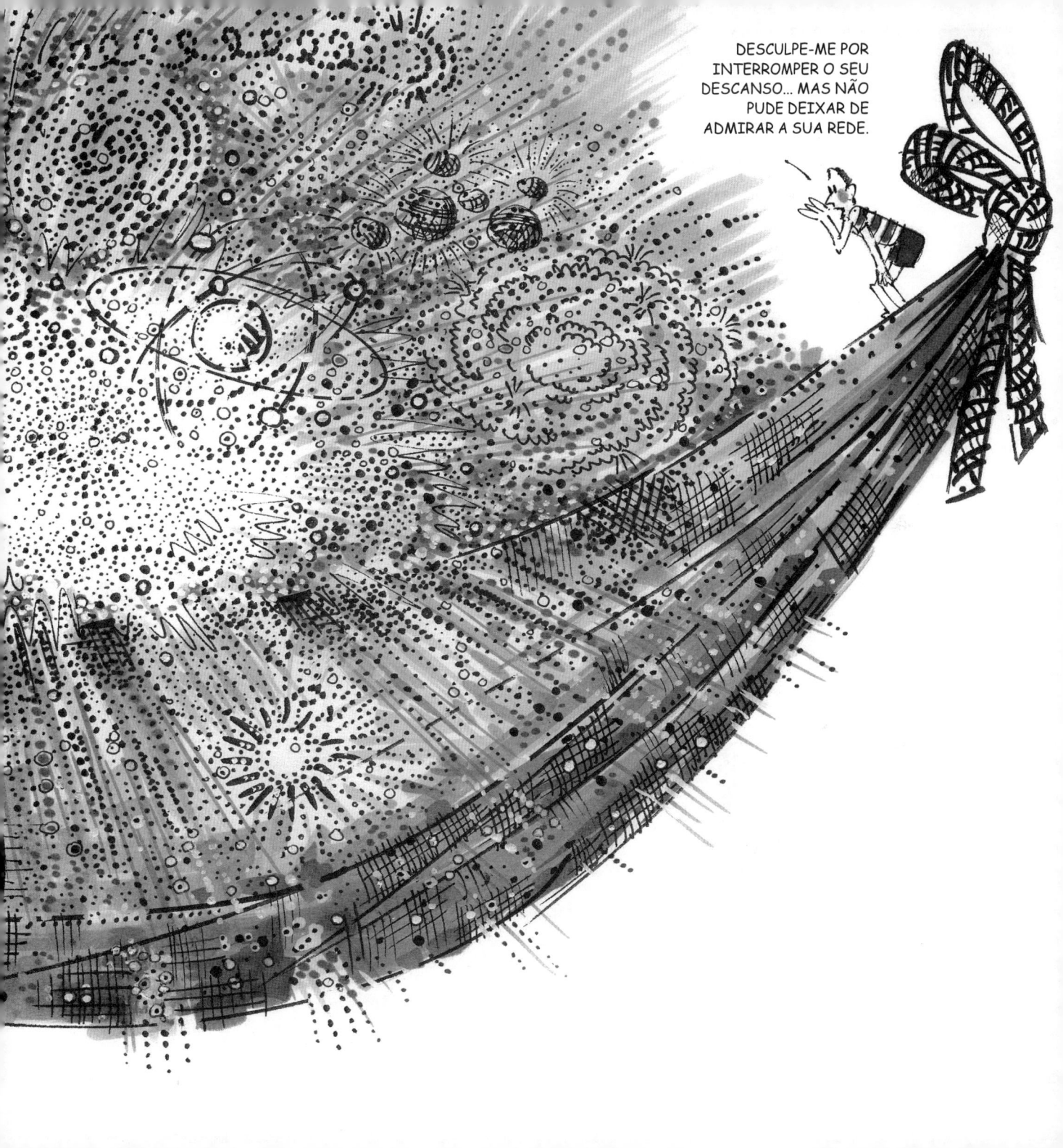

DESCULPE-ME POR INTERROMPER O SEU DESCANSO... MAS NÃO PUDE DEIXAR DE ADMIRAR A SUA REDE.

A mãe natureza é preguiçosa?

Não só Deus não trabalhou na Sua criação, como também programou o universo inteiro em torno de um princípio contrário ao trabalho.

Em outras palavras, a Natureza também não trabalha. Ela funciona sem esforço e, diante de uma situação, vai sempre escolher *o mínimo esforço*.

Os físicos deram um nome a essa maravilhosa característica – o Princípio da Menor Ação.

Ela foi formulada pela primeira vez no século XVIII por Lagrange, Hamilton e Jacobi, todos cientistas famosos que naquela ocasião estavam estudando os movimentos dos corpos celestes.

Acontece que o Princípio da Menor Ação é o modelo matemático que descreve não somente o movimento dos corpos celestes mas, também, *todas* as leis físicas do movimento conhecidas, inclusive o eletromagnetismo, a propagação dos feixes luminosos e a teoria quântica. Em outras palavras, tudo no universo inteiro está seguindo alegremente o Princípio da Menor Ação.

Vamos examinar um exemplo. Quando jogamos uma bola para o alto, ela não fica ziguezagueando para todo lado em movimentos aleatórios. A bola vai sempre seguir para cima pelo trajeto mais fácil, mais curto e mais direto, e para baixo pelo trajeto mais fácil, mais curto e mais direto. Os cientistas explicam esse fenômeno simples dizendo que a bola se move dessa forma para diminuir a diferença da média de tempo das energias cinética e potencial, uma quantidade mensurável chamada *ação*. O resultado será sempre o caminho mais fácil, mais curto e mais direto ou a *menor ação*.

A conclusão é óbvia: a Mãe Natureza é uma mãe preguiçosa.

Até mesmo Einstein concorda

Sem tentar explicar a Teoria da Relatividade de Einstein e a sua teoria da geometria curva de espaço-tempo, vamos apenas entendê-la. Vou apenas tomar a palavra de Einstein e acreditar que ela prova que a órbita do planeta é verdadeiramente a história do espaço-tempo mais direta, mais curta e mais fácil – a *geodésica*. De acordo com os cientistas, para qualquer espaço curvo, a *geodésica* é a distância mais curta entre dois pontos. Portanto, o cosmo inteiro em toda a sua diversidade de movimentos e mudanças está simplesmente seguindo a trajetória mais fácil, mais curta e mais direta.

Está bem diante dos nossos olhos – o Princípio da Menor Ação. A Mãe Natureza, na sua maneira de governar o universo inteiro sem esforço, seja no plano microscópico ou macroscópico, faz o mínimo possível.

Se você me perguntar, a coisa toda constitui uma *realização* e um *sucesso* magníficos, considerando que nenhum esforço é ou foi ou será exigido.

Já terminamos com a física?

Ainda não. Quero passar do plano cósmico para o plano da compreensão humana.

A tendência na física é direcionada para a unificação e para a simplificação. Em outras palavras, explicar cada vez mais os fenômenos com base numa quantidade cada vez menor de princípios.

Assim, se Einstein e outros físicos teóricos modernos conseguirem o que desejam, um princípio – o campo unificado – descreverá tudo, do Big Bang para baixo. O que isso vai significar para o estudante preguiçoso – ao entender esse princípio único já fica sabendo toda a história. Isso realmente seria aplicar o Princípio da Menor Ação à vida prática.

Apesar de tudo, esta não é uma idéia tão forçada quanto parece. Voltaremos a esse conceito mais adiante.

O QUE VOCÊ PREFERE, ALBERT — À VELOCIDADE DA LUZ? ISSO NÃO É PROBLEMA PARA ESTA BELEZINHA.

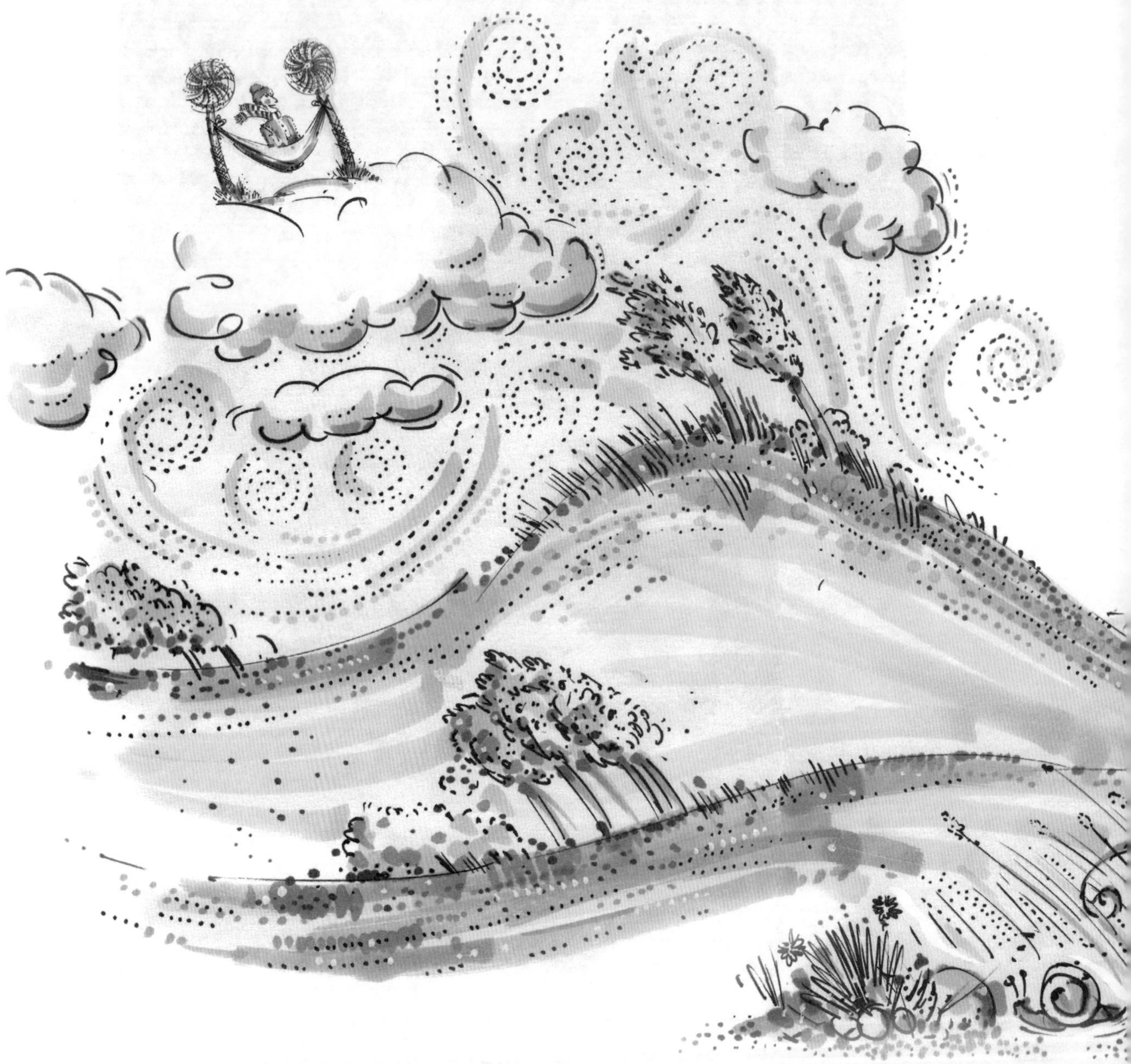

CAPÍTULO 3
À procura do mínimo esforço

As estruturas política e econômica sempre rejeitaram tremendamente "pessoas ociosas", considerando-as como potencialmente criadoras de confusão. Apesar da natureza nunca rejeitar árvores, grama, lesmas, nuvens do céu e recifes de coral ociosos.

Critical Path, de R. Buckminster Fuller,
inventor americano (1895–1983)
Criador da Cúpula Geodésica

CAPÍTULO 3 • À PROCURA DO MÍNIMO ESFORÇO

A preguiça vem numa variedade de níveis de habilidade. É claro, há variedade de preguiça na sua horta, em que você fica inerte como um saco de batatas e na qual evitar o trabalho é a sua recompensa gloriosa. Esse tipo de preguiça tem seu encanto e valor próprios e deveria ser incentivado e alimentado, como todo tipo de preguiça (mesmo vegetando) enviado pelos céus.

Na outra extremidade do espectro estão os mestres da preguiça que tiram proveito do imenso poder de fazer tão pouco quanto for humanamente possível. Esses avançados campeões da preguiça não só gozam dos prazeres de evitar o trabalho, como também são capazes de realizar grandes coisas e acumular grandes fortunas *porque* deixaram de trabalhar. Logo veremos que essa forma mais altamente aperfeiçoada de preguiça é que gera todo o progresso da sociedade.

Infelizmente, o pensamento corrente na nossa cultura e que nunca é contestado diz, na melhor das hipóteses, que a preguiça é uma doença que ataca o nosso caráter e, na pior, que é obra do diabo. Aqueles que entre nós praticam a elevada arte da preguiça estão sujeitos a censuras mesquinhas e são alvo de discursos bombásticos, com repetições destinadas a entorpecer as mentes, afirmando que para alcançar mais realizações na vida precisamos trabalhar mais e durante um período maior.

"Eu trabalho duro 16 horas por dia", é uma típica fanfarronice dita por um garoto num cartaz em favor dessa mentalidade distorcida, entorpecedora.

Agora, não me entenda mal, *per se*, não há nada de errado com trabalhar muito e longas jornadas de trabalho – se você não se importar de sacrificar a saúde, a vida da sua família e o resto da sua vida, além da sua evolução espiritual, e estiver desejando alcançar um patamar corriqueiro de realização (ronco). Sob essa luz, dar duro oferece um nível próprio de mérito e satisfação.

O MUNDO DE ACORDO COM FRED:

SE VOCÊ ESTIVER TRABALHANDO NOITE ADENTRO, É PORQUE NÃO FOI PREGUIÇOSO O SUFICIENTE DURANTE O DIA.

Mas, se você deseja o tipo de sucesso que fazem os donos de bancos de investimento de Wall Street dançarem como ursos treinados, então você precisa substituir as 16 horas por uma nova matemática. A mentalidade de trabalhar pesado em longas jornadas para acumular um-mais-um-mais-um-mais-um é como se o seu conhecimento de matemática não passasse da contagem.

Agora, eu concordo prontamente que, se você realiza uma coisa em uma hora, vai realizar duas coisas em duas horas. Se o seu limite de desejo é 16 coisas, então você encontrou a fórmula certa e insensata para isso. Mas, e se você quiser um milhão de coisas? Então você precisa de um outro raciocínio matemático.

A base dessa nova matemática é uma verdade pura, simples e elegante – O SUCESSO É INVERSAMENTE PROPORCIONAL AO TRABALHO DURO. Isso significa que, enquanto o esforço e o trabalho árduo diminuem, o sucesso torna-se maior. Conforme você se movimenta para a frente sem esforço, o sucesso se move para a frente infinitamente.

A conclusão natural dessa verdade é que o trabalho duro é prejudicial ao sucesso. Uma pista óbvia disso é que o mundo está lotado de pessoas que dão duro (quase todo mundo trabalha duro), e mesmo assim há poucos que sejam bem-sucedidos. Mas por alguma razão esdrúxula, as pessoas ainda se apegam à noção de que quanto mais derem duro, mais bem-sucedidos se tornarão. Na realidade, a única coisa proporcional a esforço e trabalho duro é o cansaço.

Nestas páginas, você vai aprender a adotar a preguiça que luta pelo desempenho sem esforço – a habilidade de não fazer nada a fim de realizar tudo.

O valor monetário do trabalho duro

Como veremos, trabalhar certamente não faz nenhum sentido financeiramente. Se tivéssemos de fazer um gráfico da relação entre trabalho duro e dinheiro, veríamos que quanto mais difícil e exigente for o trabalho, menor o pagamento. Conforme o esforço diminui, o sucesso (medido pelo dinheiro) aumenta. Se as pessoas fossem remuneradas com base no volume de trabalho árduo necessário para realizar uma tarefa, os trabalhadores braçais seriam as pessoas mais ricas da sociedade. Obviamente isso não acontece.

Em nosso gráfico o marco inicial poderia ser o seguinte. Se uma pessoa usasse somente a força dos músculos para gerar eletricidade e não tivesse a ajuda de quaisquer dispositivos ou invenções provenientes da atividade cerebral, ela conseguiria gerar eletricidade suficiente para ganhar $4,30 dólares em toda a sua vida.

Para aqueles que estiverem prestando atenção, a conclusão já deveria estar bem evidente: precisamos usar nosso cérebro para nos ajudar a trabalhar menos até finalmente ter condições de deixar de trabalhar completamente. De outro modo nos condenamos a trabalhar e, quanto mais precisamos trabalhar, menos conseguimos receber – uma dupla maldição.

A minha idéia brilhante

Há algumas décadas, eu e alguns amigos tivemos a idéia de renovar um espaço decadente e transformá-lo num estúdio moderno de projeto e artes gráficas.

Entretanto, naquele que logo se tornaria o nosso magnífico chão de tacos, jazia a um canto um grotesco cofre preto, com aproximadamente dois metros e quarenta de altura e um metro e vinte de base. Era evidente que antes de começar o acabamento do chão do nosso estúdio precisávamos remover aquela coisa horrorosa de aço enferrujado para fora da sala.

Sete de nós rodearam o cofre e, numa manobra brilhantemente cronometrada, perfeitamente coordenada e impecavelmente executada, nós, no auge da nossa motivação, tentamos *levantar o cofre*. Olhos arregalados, tendões retesados, nós dos dedos esbranquiçados, vísceras deslocadas, veias saltadas, suor escorrendo, unhas arrebentadas, roupas rasgadas, grunhidos emitidos. E o cofre não se moveu nem ao menos uma unidade angstrom.

Ampliamos nossa estratégia. E com todos reunidos numa só extremidade, resolutamente, um por todos/todos por um, com o espírito de carregar pedras montanha acima, tentamos *puxá-lo para fora*. Mais uma vez, o cofre não se abalou um mícron. Apesar dos esforços hercúleos que fazíamos, um após o outro, só conseguíamos ficar sujos, suados, machucados, cansados, frustrados e desanimados.

"Talvez", sugeriu um desanimado membro da nossa equipe, "devêssemos apenas cobri-lo com uma toalha de mesa e colocar um vaso de flores no centro".

Com esse reconhecimento da mais completa derrota, fomos almoçar.

Quando voltamos, encontrei um outro amigo dando a volta no cofre, estudando-o atentamente. Ele não tinha tomado parte no fiasco anterior.

"O que você está fazendo?", perguntei.

"Vou tirar o cofre daqui", ele declarou enfaticamente. "Quer me ajudar?"

"Você deve estar brincando. Eu já vi esse filme", eu lhe disse com todo o peso de quem já viveu a experiência e comecei a lhe contar sobre os sete caras e a toalha de mesa. Mostrei-lhe a unha sangrenta do meu polegar como Prova nº 1.

"Eu e você podemos mover este malandro", disse ele, fazendo pouco da minha habilidade com um gesto da mão. O cofre era tão medonho e a presença dele tão discordante com o que sonhávamos para o nosso estúdio que esqueci as derrotas da manhã e aceitei o convite dele. Não demorou muito para que encontrássemos a solução.

Martelamos a ponta de um macaco até enfiá-la debaixo do cofre, deslizamos um pedaço comprido de cano sobre o cabo do macaco e pusemos uma tábua de cinco centímetros de largura por dez de comprimento embaixo do cano para servir de suporte. Ao puxar o cano para baixo, éramos capazes de levantar o cofre uma fraçãozinha – suficiente para enfiar algumas folhas de papel debaixo dele. Embora apenas uma borda do cofre estivesse acima do solo a uma altura quase imperceptível, isso nos permitiu empurrar a ponta do macaco um pouco mais para a frente.

Levantamos o cano mais uma vez. Isso elevou o cofre a uma altura suficiente para que eu substituísse os papéis por uma revista. Ajustamos então a alavanca e o ângulo do suporte mais uma vez e subimos o cofre o bastante para acrescentar mais uma revista. A pilha de revistas cresceu até que finalmente conseguimos deslizar um cano por baixo. Repetimos todo o processo do outro lado. Então, como duas avós preguiçosamente empurrando um carrinho de bebê pelo parque, *sem esforço*, nós rolamos o cofre sobre os canos para fora da sala.

ESSA FOMOS NÓS QUE "INVENTAMOS", NÃO É, ADAM?

Estávamos exultantes. Nós nos sentíamos invencíveis. Estávamos convencidos de que éramos capazes de construir outra pirâmide do Egito. Nós dois sozinhos.

Duas pessoas usando o cérebro conseguiram *sem esforço* aquilo que sete pessoas dando o máximo de si mesmas não tinham conseguido. Nós não evitamos a tarefa; evitamos apenas o trabalho. Descobrimos a solução que não exigia esforço.

Esse único incidente foi um momento decisivo para mim. Dali em diante fiquei sabendo que não há nada na vida que não possa ser realizado. É simplesmente uma questão de achar o ângulo certo. E o ângulo para uma realização maior, eu descobri, é *sempre* na direção da facilidade maior e da ausência de esforço.

O sucesso é inversamente proporcional ao trabalho pesado. Isso vale não só para a hora de mover objetos pesados, mas para tudo – lidar com pessoas, produtos, dinheiro, situações, pensamentos, emoções, ... seja lá o que for.

A base do sucesso é não trabalhar duro. A base para o sucesso é fazer menos.

A pessoa criativa é uma pessoa preguiçosa

A maioria, se não todos os avanços e melhorias do mundo foram descobertos ou inventados por pessoas fartas do modo antigo de fazer alguma coisa. No fundo sabiam que devia haver um modo mais fácil, ou mais rápido, ou mais barato, ou mais simples, ou mais seguro. Sabiam que devia haver um modo melhor que envolvesse MENOS TRABALHO.

Essas pessoas queriam tornar a vida mais fácil para si mesmas. Queriam evitar o trabalho pesado. Queriam fazer menos e realizar mais. Em outras palavras, do meu ponto de vista, esses sujeitos eram *preguiçosos*.

Pense nisso. A primeira pessoa que pensou em pôr uma vela num barco quis deixar de remar. Quem quer que tenha atrelado um arado a um boi estava procurando um jeito de deixar de cavar. Quem quer que tenha utilizado uma queda d'água para moer grãos detestava transformá-los em pó usando pedras para esmagá-los.

Vamos encarar essa verdade, a pessoa criativa é preguiçosa.

O contrário é verdadeiro? Todas as pessoas preguiçosas são criativas? Não, não são, mas certamente têm a postura certa para começar.

Agora, eu gostaria de convidar você a pegar sua preguiça e elevá-la à forma perfeita de arte que ela merece e, então, dar sua contribuição para o avanço do mundo com seu gênio criador.

O avanço da civilização

O avanço da civilização é também a história de fazer mais com menos recursos – de extrair mais desempenho de menos material, empregando menos energia, em menos tempo.

Pense sobre a sua nova mão direita – o computador. Um computador ocupava uma sala inteira, custava um milhão de dólares, exigia carregamentos de cartões que não podiam ser dobrados-amassados-ou-perfurados e uma sala adicional cheia de equipamentos de refrigeração para evitar o superaquecimento. Apesar de ser um colosso, o computador era lento, vergonhosamente menos versátil e infinitamente menos potente do que o pequeno e gracioso aparelho em que estou escrevendo este livro. E este bebezinho custa menos de um décimo de 1% do que custava o seu antepassado.

A sociedade progride com passos que poupam de maneira espetacular o trabalho.

R. Buckminster Fuller

Um dos meus grandes heróis é o Dr. R. Buckminster Fuller. O Dr. Fuller cunhou a palavra *efemeralização* – que significa *fazer mais com menos*. A visão dele era que:

A aceleração da efemeralização da ciência e da tecnologia pode algum dia permitir realizar tanto com tão pouco que seria possível manter os cuidados com toda a humanidade num patamar tão alto que ninguém jamais chegou a experimentar antes. **Critical Path**

O Dr. Fuller adotou por completo o conceito de realizar mais com menos que dedicou sua vida à descoberta de ferramentas e técnicas para acabar com a necessidade da humanidade de ganhar a vida, o que ele descreveu como fazer o que os outros queriam que fosse feito apenas pelas razões definitivamente egoístas dos outros.

Eu me comprometi a desenvolver e cultivar ferramentas que realizariam as tarefas necessárias da humanidade de modo tão mais fácil, mais prazeroso e mais eficiente que, sem pensar, os modos indesejáveis seriam abandonados pela sociedade.
Critical Path

O zero é o herói

Você é um monge italiano enclausurado que vive na Idade Média, por volta do ano 1000 a.C. O seu serviço é multiplicar. (Não aquela outra espécie de multiplicação. Você é um monge, está lembrado?) Um mercador que precisa da sua especialidade leva até você um cálculo que ele está precisando: CDXXXIV multiplicado por IX. Não é preciso dizer, você não tem o conhecimento do uso dos números arábicos porque eles ainda não foram introduzidos nos círculos europeus. E a calculadora que cabe na palma da mão que você encomendou foi reprogramada para ser entregue daqui a 1.000 anos ou mais. Muito bem, qual é a resposta? Preste atenção que este é um problema relativamente simples. O mercador poderia ter dado a você algo mais difícil do que um problema de quarta série.

Mas não tenha medo. O socorro está a caminho. A galope, em camelos cruzando o deserto, estão vindo os árabes do vizinho Islam oriental. Eles adotaram do seu vizinho oriental, a Índia, as formas numerais básicas hindus, inclusive um conceito completamente *novo* – o número zero. Finalmente (depois de outros cem anos ou mais) a nova matemática irá se espalhar por toda a Europa quando os tratados árabes ou hindus de matemática forem traduzidos para o latim no século XI.

CDXXXIV
multiplicado por **IX**

MMMMCCCXL
menos **M**
menos **CDXXXIV**

igual **MMMDCCCVI**

ou mais precisamente
MMMCMVI

Nem é preciso dizer que essa simplificação revolucionou a execução dos cálculos, tanto em facilidade quanto em rapidez. Agora o nosso mercador pode eliminar o monge intermediário, dando-lhe mais tempo para suas preces, e multiplicar ele mesmo 434 por 9 (434 x 9 = 3906). Mais foi realizado com menos. Neste caso, mais foi realizado com um *nada* (zero).

O mundo digitalizado

O computador deu saltos gigantescos para a humanidade ao simplificar os já simples numerais indo-arábicos. Agora tudo pode ser reduzido a seqüências de uns e zeros – palavras, números, fotografias, vozes, música, som, gráficos, filmes. Isso é verdadeiramente realizar mais com menos!

Preguiça nazista

Alguma vez você já ouviu falar de um comandante militar alemão que exaltou e até recompensou a preguiça? Que pergunta mais sem propósito, você deve estar pensando. Pela extraordinária diligência de toda a população alemã desde o começo dos tempos, parece impossível que tenha existido um líder desse tipo. Ainda assim, houve. Para ser sincero, ele é uma anomalia, mas com certeza existiu. E era importante. Era o General Helmuth von Moltke que serviu como chefe do Estado-Maior alemão de 1858 até 1888. Sob a sua liderança o exército alemão se tornou um modelo para todos os exércitos modernos.

O General von Moltke dividiu todo o corpo de oficiais em quatro tipos, de acordo com suas características mentais ou físicas: 1) mentalmente lerdo e fisicamente preguiçoso, 2) mentalmente brilhante e fisicamente ativo, 3) mentalmente lerdo e fisicamente ativo e 4) brilhante e preguiçoso.

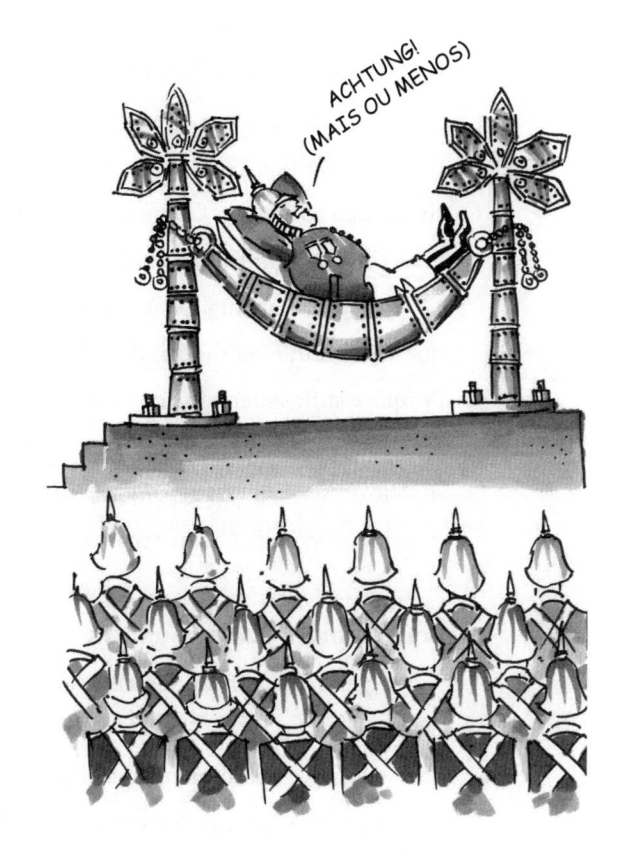

Os oficiais que eram tanto mentalmente lerdos quanto fisicamente preguiçosos eram incumbidos de tarefas simples, repetitivas e que não apresentavam nenhum desafio.

Von Moltke sentiu que os oficiais que eram ao mesmo tempo brilhantes e ativos eram obcecados pelo microcontrole e, por isso, seriam líderes fracos. Assim, ele nunca promoveu esse tipo de oficial à posição de oficial comandante do Estado-Maior alemão.

Os oficiais que eram mentalmente lentos mas fisicamente ativos foram considerados perigosos por von Moltke. No seu entender, eles cometiam erros a torto e a direito que exigiam uma supervisão constante. Como criavam confusões mais rapidamente do que seria possível consertar, esses oficiais significavam muita encrenca e eram dispensados.

O oficial mentalmente brilhante e fisicamente preguiçoso, o nosso herói, é o tipo de pessoa que von Moltke sentiu que deveria ascender aos mais altos patamares do alto comando. Por quê? Porque é suficientemente esperto para enxergar o que é preciso ser feito, mas também é motivado pela preguiça para encontrar o modo mais fácil e mais simples para obter sucesso. E, é claro, um oficial desse tipo jamais sujaria suas mãos com detalhes, preferindo, de longe, delegar essas preocupações para os tipos mais ansiosos.

Sem esforço, nada se ganha

Sem esforço, nada se ganha. Quem inventou esse *slogan* absurdo? A resposta é: um levantador de pesos!

E qual é a recompensa gloriosa que espera aquele que diligentemente pratica essa filosofia e suporta toda a tensão e o esforço hora após hora, dia após dia, ano após ano?

Ele ganha a capacidade de levantar um peso maior – assim ele pode começar a sentir dor tudo de novo.

Próximo capítulo

Encontrar a *alavanca* que nos faz realizar mais fazendo menos é a chave para o sucesso. Nos próximos capítulos vamos explorar o modo como devemos procurar a alavanca e onde provavelmente pode ser encontrada a chave para o seu sucesso. E então tornaremos o trabalho pesado obsoleto de uma vez por todas. Você nunca mais vai precisar se esforçar.

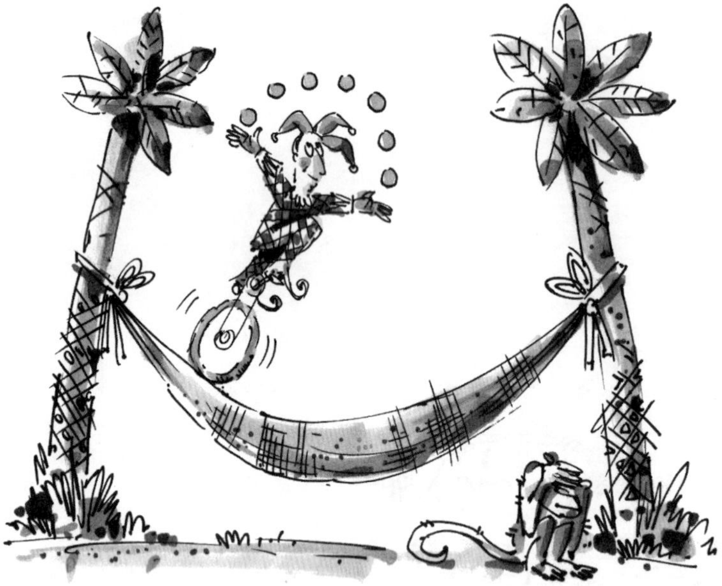

CAPÍTULO 4

Como ser bem-sucedido sem trabalhar
Parte 1: Diversão e jogos

Qual é então o jeito certo de viver? A vida deve ser vivida como uma brincadeira.

PLATÃO, FILÓSOFO GREGO (427–347 A.C.)

Não me entenda mal; não sou contra o trabalho em si. Sou apenas alérgico a ele. O simples fato de pensar em trabalhar me dá coceira no rosto, um aperto no peito, deixa o meu estômago embrulhado e a minha alma ansiosa para encontrar estratégias de fuga.

Mas esse sou eu. Se você não se importa de fazer o que outra pessoa quer que seja feito, sendo todo o crédito dado a ela, então eu também não me importo. Mas, se quiser o tipo de sucesso em que você viva a vida nos seus próprios termos, na qual seja elogiado e aplaudido, em que os jornalistas briguem para entrevistá-lo, então considere-se avisado de que nenhum tipo de trabalho pode dar isso a você. O que você precisa não tem nada a ver com o trabalho.

Para atingir esse fabuloso nível de sucesso, você precisa entender o valor da diversão, dos jogos, das risadas e da frivolidade.

Precisa entender o valor da *brincadeira*. Precisa perceber que, conforme a *brincadeira* aumenta, cresce a magnitude do sucesso. Mas à medida que a *brincadeira* diminui (o que significa que o trabalho aumenta) ... bem, é muito deprimente examinar isso, não vamos nos incomodar em traduzir isso em palavras. A conclusão: pare de trabalhar e comece a brincar. Imediatamente.

Isso não quer dizer que você precisa deixar o seu emprego ou abandonar o seu negócio ou a sua carreira. Isso significa, entretanto, que precisa parar de *trabalhar* nisso e transformar sua atividade em *brincadeira*.

O seu trabalho (detesto até mesmo dizer essa palavra desagradável) deve ser uma *diversão*. DIVERSÃO pura e não adulterada. O seu trabalho (ó, Deus, eu disse de novo) deve gerar *alegria*. E muita. Se ele não a produz ou se não é capaz disso, eu sugeriria que essa situação deprimente fosse rapidamente deixada para trás, sumindo rapidamente do seu espelho retrovisor.

Qualquer pessoa ou negócio que quer ser bem-sucedido precisa levar o conceito da brincadeira com muita seriedade. Para essa questão, a brincadeira deve ser a única coisa levada a sério.

Brincar no local de trabalho não é uma atitude irresponsável, como os defensores do trabalho duro querem fazer você acreditar. Muito pelo contrário, brincar tem um valor prático enorme. Veremos que ele é a *base* tanto do sucesso individual quanto do corporativo.

Brincar deixa que a mente flua sem restrições – para explorar, experimentar, questionar, assumir riscos, ser aventureiro, criar, inovar e realizar – sem medo de rejeição ou desaprovação. Portanto, o negócio que encara a diversão como "não profissional" ou "imprópria" ou "trivial" ou "deslocada" abafa o processo criativo e progressivo. É como participar de uma corrida muito disputada com um pé preso num balde.

Ao ficar intimamente envolvido com os diversos ciclos de vida do meu próprio negócio, percebi o que alimenta o crescimento e o que causa a ruína. A diversão alimenta o crescimento. A desaprovação causa câncer. Divertir-se é o caminho mais rápido para atingir o objetivo porque a diversão *é* o objetivo (ou pelo menos um deles). Portanto, DIVIRTA-SE! Brinque com tudo. Brinque com coisas, idéias, máquinas, colaboradores, clientes, palavras, comida, tecidos, pintura, teorias, dinheiro, música, ciência, tecnologia, computadores, crianças, amigos, avós, etc., etc., etc. Acima de tudo, brinque com o que estiver fazendo agora.

Creio que, se isso não for divertido, você estará desperdiçando as suas oportunidades de ser bem-sucedido.

E agora alguma coisa completamente diferente

Durante toda a minha vida, até onde consigo me lembrar, tenho vivido cercado de gente que me diz para crescer e começar a ser responsável. Bom, estou aqui para dizer-lhes que eles estão completamente equivocados. Tudo que eu fiz que valeu a pena foi no campo da brincadeira.

Terry Gilliam, Animadora, Monty Python's Flying Circus (1940–)

A necessidade não é a única mãe da invenção

Muitas das mais importantes invenções, avanços, descobertas e teorias da humanidade foram originalmente concebidas com a intenção de brincar ou como resultado de uma brincadeira. Os irmãos Wright não imaginavam o enorme valor prático do seu *esporte*. Estavam apenas se divertindo ao tentar conseguir que aquela coleção de partes de bicicleta fosse transportada pelo ar.

Nem Edison nem Berliner tinham sequer começado a pensar que seu gramofone pudesse ser usado como uma forma de reproduzir música.

Será que Marconi imaginava que sua travessura em torno do primeiro rádio poderia resultar em comerciais de fraldas nas rádios e televisões? Dificilmente.

Os inventores muitas vezes não fazem idéia do resultado prático que suas invenções vão ter. Eles simplesmente ficam envolvidos com a diversão da descoberta.

Eu estava brincando quando inventei o equipamento de mergulho. Acho que brincar é a coisa mais séria do mundo.
Jacques Cousteau, Explorador Subaquático (1910–1997)

Acredite se quiser, até mesmo Einstein ficou pasmado com o fato de alguém (Buckminster Fuller) pensar que a sua Teoria da Relatividade tinha valor prático.

Muitas das mais significativas teorias e descobertas mundiais nem ao menos foram feitas durante uma jornada de trabalho propriamente dita.

- Copérnico estava *empregado* como clérigo na Catedral de Frauenburg, Polônia, quando completou suas descrições dos movimentos dos planetas. Entretanto, seus *patrões* não aceitaram suas observações astronômicas *extracurriculares* com o mesmo entusiasmo e, com presteza, interromperam sua carreira clerical.

- Galileu, embora formalmente diplomado em medicina, descobriu sua alegria (e gravou seu nome na história) brincando com diversos objetos para encontrar o centro de gravidade deles.

- Gregor Mendel, um monge enclausurado, foi o pai da ciência dos genes por meio do seu *passatempo* – a jardinagem.

- Para escapar da peste, Sir Isaac Newton abandonou os estudos na cidade e se retirou para o campo. Aborrecido, ele preenchia seu tempo brincando com idéias sobre uma teoria universal da gravidade.

- Enquanto trabalhava como funcionário do Swiss Patent Office, Albert Einstein escreveu seus estudos mais importantes.

O prazer da invenção

Muitas invenções foram feitas não em resposta a uma necessidade específica, mas em função da habilidade do inventor ou do seu prazer em inventar.

Sources of Invention de John Jewkes, David Sawers & Richard Stillerman

Físicos tolos

O Dr. Richard Feynman ficou esgotado. Ele estava ensinando física na Cornell University, mas sentiu que nunca mais realizaria qualquer coisa realmente significativa em termos da física teórica.

Depois de ler **As Mil e Uma Noites** por prazer, ele decidiu que iria fazer física por prazer, exatamente como tinha feito quando era mais jovem. Ele jurou brincar com a física sempre que quisesse, sem se preocupar se isso teria alguma importância.

Naquela semana um aluno estava brincando na lanchonete, jogando um prato para o ar. O Dr. Feynman observou o prato bamboleando e o emblema vermelho da Cornell girando. Ele também notou que o emblema girava mais rápido do que o bamboleio.

A ÚNICA COISA QUE VALE A PENA SER LEVADA A SÉRIO NA VIDA É "NÃO SER SÉRIO".

Sem nada para fazer, ele começou a calcular a relação entre o bamboleio e a rotação do prato. O que acabou se tornando uma equação muito complicada.

Ele a mostrou a um colega que lhe perguntou qual era a importância dela. O Dr. Feynman disse-lhe que não tinha nenhuma importância, que só estava fazendo aquilo para se divertir.

"Fui adiante para montar as equações dos bamboleios. Então pensei sobre como as órbitas dos elétrons começam a se mover na relatividade. Então surgiu a Equação Dirac de eletrodinâmicos. E depois eletrodinâmicos quânticos. Era uma brincadeira...

"Não exigiu esforço nenhum. Era fácil brincar com aquelas coisas. Foi como tirar a rolha de uma garrafa: tudo fluiu sem esforço. Eu até tentei resistir! Não havia nada importante ligado ao que eu estava fazendo, mas no final houve. Os esquemas e tudo o mais me fez ganhar o Prêmio Nobel por ficar divagando com o prato bamboleante."

E o que tinha a dizer o grande Dr. P.A.M. Dirac, o físico a cuja equação o Dr. Feynman se refere, sobre o desenvolvimento da física quântica nos anos de 1920? "Era um jogo, um jogo muito interessante para se jogar."

(citações extraídas de **"Surely You're Joking, Mr. Feynman!" Adventures of a Curious Character,** de Richard Feynman)

O Prêmio Nobel por diversão e vadiagem

O Dr. Albert A. Michelson foi o primeiro americano a vencer o Prêmio Nobel de Física. Quando lhe perguntaram por que ele dedicou tanto tempo da sua vida para medir a velocidade da luz, ele respondeu: "Era tão *divertido*."

A Dra. Barbara McClintock ganhou um Prêmio Nobel por suas descobertas relacionadas à genética. Ela descreveu sua atividade desse modo: "Fiz isso porque era divertido. Não via a hora de me levantar de manhã! Nunca pensei nisso como *ciência*."

É divertido achar um objetivo. Mas divertidos devem ser também os meios de atingir o objetivo. Em outras palavras, o sucesso gera a diversão e a diversão gera o sucesso. Se o processo para atingir o objetivo for divertido, então você vai saber que está no caminho certo.

Quando você pode dizer da sua atividade o que a Dra. McClintock disse sobre a dela, você certamente vai estar no caminho para ser muito bem-sucedido: "Faço isso porque é divertido. Não vejo a hora de me levantar de manhã. Nunca penso nisso como um *trabalho*."

Dicas para incentivar a brincadeira

Brincar no local de trabalho não é uma incoerência. Uma atitude brincalhona é essencial para a criatividade e um ambiente divertido é muito mais produtivo do que um ambiente de *trabalho rotineiro*. As pessoas que gostam do que estão fazendo vão aparecer logo com uma porção de idéias novas. Você também vai descobrir que se divertir é contagioso. Todo mundo gosta de participar quando há diversão.

- Substitua regras restritivas e sanções por liberdade para agir criativamente – dentro de uma estrutura compartilhada de valores e objetivos.

- Não critique as más idéias. Crie uma atmosfera em que todos se sintam à vontade. Daí surgirá uma grande criatividade.

- Forme uma cultura em que as pessoas saibam que têm o direito de criar o próprio destino e de ser responsáveis. Isso faz com que as pessoas sejam elas mesmas e torna divertido e excitante estar no emprego.

- Não enfatize demais a lógica. Ela inibe a criatividade.

A percepção de um grego antigo

O homem está mais próximo de si mesmo quando ele alcança a seriedade de uma criança brincando.

HERÁCLITO, FILÓSOFO GREGO (535–475 A.C.)

MAS QUE SUAVE!
QUE LUZ
DISTANTE
A JANELA
ATRAVESSA?
É O ORIENTE
E MINHA REDE
É O SOL.

CAPÍTULO 5

Como ser bem-sucedido sem trabalhar Parte 2: Paixão

Se conseguir descobrir o trabalho que você ama, nunca mais vai trabalhar na sua vida.

CONFÚCIO, FILÓSOFO CHINÊS (551–479 A.C.)

CAPÍTULO 5 • COMO SER BEM-SUCEDIDO SEM TRABALHAR: PAIXÃO

Todo mundo quer dinheiro. E quase todos pensam que o melhor jeito de conseguir dinheiro é manter o foco no dinheiro. As pessoas chegam a fazer quase qualquer coisa, contanto que consigam dinheiro com isso. Infelizmente, como conseqüência dessa atitude, elas se condenam ao trabalho duro, que, como já vimos, nunca vai resultar em muito dinheiro.

Concentrar-se no dinheiro é provavelmente a abordagem mais retrógrada para ficar rico e bem-sucedido que eu já ouvi.

Deixe-me dizer isso de outra forma. Se a principal razão para você fazer o que está fazendo é o dinheiro, provavelmente nunca irá ganhar tanto dinheiro quanto quer e nunca será grande naquilo que faz.

Caso se concentre só no dinheiro, nunca será feliz nem se sentirá realizado na vida. Por quê? Porque nunca conseguirá ganhar dinheiro suficiente. E é essa a verdade.

Outra razão que explica por que viver obcecado por dinheiro é imprudente é que o dinheiro é desgraçadamente instável. Ele muda constantemente, movido por coisas que você não pode controlar. As fortunas minguam e escorrem entre os dedos, a inflação se alastra e depois recua, as moedas internacionais levam a melhor, sem mencionar a quantidade imensa de outros desastres que ameaçam as riquezas. Nada pode ser mais frustrante e contraproducente do que se concentrar numa coisa tão volúvel. Manter o foco no dinheiro é ficar preso a uma miragem.

"SENHORAS E SENHORES, APRESENTAMOS MAIS UMA OBRA-PRIMA PRODUZIDA PELOS ILUSTRES CINZÉIS DE FREDRICO GRATZIONI"

EU ESTAVA APENAS
SOLTANDO A REDE
QUE JÁ ESTAVA
NA PEDRA, PESSOAL.

Pôr o acento na sílaba certa

Já que você quer ser rico, bem-sucedido e famoso, e quer tudo isso sem esforço (que é realmente o único modo), então o seu foco básico deve ser direcionar-se para fazer alguma coisa que corresponda a qualquer um dos seguintes padrões:

- Você adora fazê-lo.
- Faz seu sangue correr.
- Desafia a sua criatividade.
- É absorvente, inspira paixão e é divertido.
- É tão irresistível que você faria isso mesmo que não houvesse dinheiro envolvido.

É tão simples. Se você sente qualquer um dos itens citados acima, significa que você está apaixonado pelo que faz. Uma vez que está apaixonado pelo que faz, o sucesso vai se desdobrar da seguinte maneira:

- Se você ama o que está fazendo, isso deixa de ser trabalho.
- Quanto mais amar o que estiver fazendo, mais espontaneamente vai se comprometer com ele.
- Quanto maior o seu comprometimento, mais profundo será o conhecimento que você vai adquirir.
- Quanto mais profundo o conhecimento que você adquirir, mais poderoso será o conhecimento.
- Quanto mais poderoso for o conhecimento, mais fácil será alcançar o sucesso, porque o conhecimento profundo e poderoso é a chave para a inspiração e para descobrir soluções inteligentes para os problemas.
- E com esse conhecimento mais profundo você vai reconhecer rapidamente as oportunidades e lançar-se às melhores entre elas.

Mas tudo começa com você amando o que estiver fazendo.

Benefícios financeiros

Quando você está apaixonado pelo que está fazendo, o dinheiro é um subproduto abundante.

Uma pesquisa de vinte anos realizada por Srully Blotnick envolvendo uma larga faixa de trabalhadores de classe média descobriu que aqueles que finalmente se tornavam milionários chegavam a isso porque ficavam profundamente absortos naquilo que faziam. Você só consegue ficar profundamente absorto naquilo que gosta de fazer.

Faça o que gosta e o dinheiro vai aparecer.

Outros benefícios de fazer o que gosta

Se você gosta do que faz, sua riqueza não será só medida pelo dinheiro. Você também será rico em poder e influência, e rico por ser uma pessoa fascinante que está dando uma contribuição vital para a sociedade.

Meu conselho para a geração de universitários

Imploro a todos vocês garotos que estão indo para a faculdade que, por favor, não escolham sua carreira porque acham que vão conseguir um monte de dinheiro com ela. Em vez disso, estudem os assuntos que lhes dêem motivação.

Suplico de joelhos a vocês. Por favor, não se especializem em contabilidade ou direito ou medicina apenas porque acham que vão ganhar bem a vida com isso. Só se especializem nessas áreas se vocês as adorarem.

Adquirir conhecimentos de contabilidade é uma coisa, mas por favor não se tornem contadores motivados apenas pelo salário que acham que vão ganhar numa grande firma de contabilidade. Se fizerem isso, vão acabar muito infelizes, além de terrivelmente chatos.

Acontece a mesma coisa em relação a outras carreiras. Se forem estudar direito pelo dinheiro que vai lhes dar ou medicina pelo que vão ganhar, não somente serão advogados ou médicos medíocres, vocês serão profissionais muito superficiais.

Disso estou certo, nada de grande neste mundo jamais foi conquistado sem paixão.

GEORG WILHELM
FRIEDRICH HEGEL,
FILÓSOFO ALEMÃO
(1770–1831)

Espere um pouco! Contador?

Quando fui para a faculdade, entre 1964 e 1968, não me lembro de ter conhecido um aluno de contabilidade.

Hoje em dia, as vagas para classes da faculdade de contabilidade são as primeiras a ser preenchidas.

Onde ou em que, posso saber, está a fascinação com a contabilidade?

Não me entenda mal, sei que a contabilidade tem o seu valor. O conhecimento de contabilidade é essencial para um homem de negócios ter sucesso na sua empresa. Mas, se seu enfoque básico é a contabilidade, eu lhe garanto que o mais alto que você pode ambicionar é um papel secundário.

Teste de conhecimento: mencione um contador em toda a história da humanidade que tenha ficado famoso.

Pessoalmente, não consigo pensar em ninguém. O mais perto que posso chegar são o artista Paul Gauguin e o poeta Wallace Stevens. Gauguin, embora não fosse um contador, tinha um certo parentesco – era bancário. Mas a fama ele alcançou pintando taitianas, não sendo bancário. E Wallace Stevens era um executivo da área de seguros. Mas foi sua escrita, não seus contratos de seguro, que o tornou imortal.

Graças a Deus é dia de pagamento

Se estiver fazendo o que está fazendo somente pelo dinheiro, o seu trabalho logo vai se tornar a *velha amolação* que só tem um dia de realização – o dia do pagamento. Espero que as pessoas que se encaixam nessa categoria recebam pelo menos uma vez por semana. Caso contrário, vão passar duas semanas, até mesmo um mês, sem dar um sorriso.

> ESTOU ME DIVERTINDO TANTO QUE ME SINTO CULPADO POR COBRAR DE VOCÊS... MAS VOU COBRAR.*

*LIBERACE, PIANISTA E ARTISTA AMERICANO (1919–1987)

> *O segredo de viver bem é encontrar as pessoas que vão lhe pagar por aquilo que você pagaria para fazer se tivesse dinheiro.*
>
> SARAH CALDWELL
> REGENTE DE
> ÓPERA (1924 -)

Mas se estiver apaixonado por seu trabalho, e o seu comprometimento com ele for divertido, então, em vez de *Graças a Deus que hoje é sexta-feira*, você dirá *Graças a Deus que hoje é segunda*.

Conclusão

As pessoas reclamam continuamente como têm que trabalhar duro para ganhar. Não duvido nem por um segundo que a atividade delas produza resultados maravilhosos. Eu simplesmente argumento que o trabalho duro não tem nada a ver com isso.

O que as pessoas bem-sucedidas podem chamar de *trabalho duro* não é realmente *trabalhoso* e, quanto a isso, nem mesmo *duro*. Seria muito menos enganoso, muito mais motivador e infinitamente mais verdadeiro se essas pessoas declarassem como elas *amam* aquilo que as levou a atingir seus objetivos.

Por exemplo, fico sempre surpreso quando um atleta explica o seu sucesso em termos de trabalho árduo. Ao jogador de basquete que diz que deu duro para chegar ao seu salto de arremesso, eu digo: conversa fiada! Foi o seu *caso de amor* com o jogo que estava tão intenso que nem arrastado você sairia da quadra. Você não *trabalhou* nem um pouquinho no basquete – você brincou. E você não vai ser capaz de me convencer do contrário, até que eu ouça o árbitro gritar: "Trabalhe essa bola!"

E nenhum jogador de golfe vai se atrever a me dizer o quanto *trabalha* duro no seu jogo. Posso dar tacadas em bolas de golfe até ficar escuro ou até minhas mãos criarem bolhas. O único *trabalho* vai ser explicar em casa por que estou chegando tão tarde.

E o empresário que declara que *trabalha* 16 horas por dia? Os empresários realmente trabalham todas essas horas. Mas qualquer um deles lhe dirá que construir um negócio desde o momento em que se esboçou a sua criação é uma das experiências mais estimulantes. Esse tipo de atividade empresarial é absolutamente tão absorvente que pode chegar a ser embriagadora. É por isso que cada pequeno passo em direção ao progresso produz um sentimento de euforia que você se vê seduzido a esperar a realização do próximo passo. É essa alegria irresistível, de chegar perto de concretizar um sonho, que resulta em longas horas. Definitivamente, não é nenhum exercício masoquista.

Quanto maior a recompensa em diversão que o trabalhador extrair [do seu trabalho], maior será também o seu pagamento em dinheiro.

THE LAWS OF WORK
MARK TWAIN
ESCRITOR AMERICANO
(1835–1910)

Ninguém aprende a entender nada a não ser aquilo que gosta muito.

JOHANN WOLFGANG
VON GOETHE
POETA ALEMÃO
(1749–1832)

Além disso, não é o empresário que se *escraviza*. O empresário *alegremente* investe tempo, energia e dinheiro para construir um negócio que, se for bem, vai se escravizar por ele e realizar muito mais, em muito menos tempo e com muito menos esforço e rendendo muito mais do que se ele realmente bater ponto e receber por essas longas horas.

Se você realmente for obrigado a trabalhar em alguma coisa da qual não gosta, nunca será bom nisso. O sucesso só aparece quando o trabalho (dor, tensão, esforço) diminui e o não-trabalho (diversão, amor, ausência de esforço) aumenta. Amor e paixão trazem o sucesso, não trabalho duro, dor, tensão ou esforço.

> ... e todo o conhecimento é vão quando exige trabalho,
> E todo o trabalho é esvaziado quando existe amor:
> E quando trabalha com amor, você se liga consigo mesmo, e com o outro e com Deus.
> E o que é trabalhar com amor?
> É tecer a roupa com fios arrancados do seu coração, como se o seu amado fosse vestir essa roupa.
> É construir uma casa com afeição, como se o seu amado fosse morar nessa casa.
> É plantar sementes com carinho e fazer a colheita com alegria, como se o seu amado fosse comer o fruto. ...
> Trabalho é tornar o amor visível.
>
> Kahlil Gibran

— EM TERMOS DE UM CARGO DE CARREIRA, SR. GRATZON, SINTO DIZER QUE O CONSIDERAMOS INAPROVEITÁVEL.

— QUE ALÍVIO! POR UM MINUTO, PENSEI QUE O SENHOR TINHA MÁS NOTÍCIAS.

CAPÍTULO 6

À procura da sua vocação

Um objetivo na vida é a única fortuna que vale a pena ser encontrada; e não é para ser descoberta em terras estrangeiras, mas no próprio coração.

Robert Louis Stevenson, escritor escocês (1850–1894)

> MAS ACHO QUE VOCÊ NÃO ENTENDEU BEM. NOSSOS TESTES MOSTRAM QUE VOCÊ É PREGUIÇOSO, CONTRA A AUTORIDADE E DESPREZA A ROTINA DE TRABALHO.

> PARE, POR FAVOR! OS SEUS ELOGIOS ESTÃO ME DEIXANDO SEM GRAÇA.

O projeto cósmico para o sucesso

Simplesmente está nas cartas. Deus, muito obviamente, quer que cada um de nós seja um sujeito bem-sucedido e cheio de entusiasmo – rico, saudável, feliz, cheio de amor e da máxima utilidade para a Sua criação. E é igualmente óbvio que Ele projetou cada um de nós, sem mencionar todo o resto, do mesmo modo. Sob essa luz, vamos examinar o conceito de vocação.

Por vocação, não quero dizer um serviço ou uma profissão, o que simplesmente descreve a atividade de alguém. Essa definição é superficial. Para mim isso significa *o mais alto objetivo de um indivíduo*. Na Índia antiga isso era chamado de *dharma* da pessoa.

Todos têm esse tipo de propósito ou vocação na vida. E todos também foram generosamente dotados com o talento necessário para realizá-lo.

O valor de uma vocação está em dois planos. Primeiro, são os meios para o maior crescimento, sucesso e felicidade possíveis de uma pessoa. E segundo, é o caminho pelo qual alguém faz sua maior contribuição para o mundo.

Mas há uma característica da vocação que é particularmente querida pelos adeptos da Persuasão da Preguiça. A vocação é, por uma maravilhosa circunstância, o mais fácil, o mais irresistível caminho a seguir, o caminho mais fácil que produz os maiores resultados – o que poderia ser mais perfeito?

Como descobrir a sua vocação

Ai de nós, o mundo é uma confusão gigantesca. A maioria das pessoas trabalha para se sustentar, o que realmente significa que a maioria sofre para sobreviver. Então essas mesmas pessoas ensinam às gerações mais novas esse mesmo padrão de comportamento infrutífero, declarando que o trabalho duro é uma virtude, como se houvesse algum grande benefício no sofrimento. Tragicamente, essas pessoas nem mesmo acreditam que têm alguma vocação especial na vida, muito menos que têm de descobri-la, quanto mais completá-la.

Para aqueles que não têm certeza de qual seja a sua vocação, deixe-me dizer que o processo da descoberta não é difícil. Também não é confuso. Muito pelo contrário, a coisa toda é notavelmente simples.

Como podemos imaginar qual seja realmente a nossa vocação na vida?

Joseph Campbell, o conhecido estudioso da mitologia mundial, nos deu um conselho maravilhosamente sucinto: *Siga a sua alegria!*

Seguir a sua alegria

Deus, em Sua infinita generosidade, tornou isso fácil. Ele o estruturou de tal modo que tudo o que temos a fazer é fazer o que nos deixa mais felizes e que nos traz o máximo sucesso. Afinal, nós somos os Seus filhos, e que pai quer ver os filhos lutando e sofrendo? Saberemos que estamos seguindo o caminho certo se estivermos felizes. Caso contrário, devemos fazer uma correção de curso.

O propósito de uma vida é uma vida de propósitos.

ROBERT BURNS
POETA ESCOCÊS
(1759–1796)

O MUNDO SEGUNDO FRED:

QUANTO MAIS GENTE VOCÊ ARRANJAR PARA SERVIR, MAIS EFICIENTE VOCÊ SERÁ. COMPROMETA-SE A SERVIR TODO MUNDO E TORNE-SE EFICIENTE AO MÁXIMO.

Ser escolhido

A minha entrada para a música foi instintiva. Eu não estava escolhendo nada, fui escolhido. Não fui obrigado a escolher entre ser matemático, instrumentista ou professor. Isso nunca aconteceu comigo.

AARON COPELAND, COMPOSITOR AMERICANO (1900–1990)

O valor de uma vocação

Quando os homens se ocupam corretamente, o prazer deles emerge do seu trabalho, como as pétalas coloridas de uma flor fértil; quando eles estão confiantemente esperançosos e compassivos, suas emoções são sólidas, profundas, perpétuas e vivificam a alma, como a pulsação natural do corpo.

JOHN RUSKIN, FILÓSOFO INGLÊS (1819–1900)

A vocação tem um propósito

As grandes mentes têm objetivos, as outras têm desejos.

WASHINGTON IRVING, ESCRITOR AMERICANO (1783–1859)

> POR QUE UMA REDE, VOCÊ PERGUNTA? EU PRECISO OBSERVAR CUIDADOSAMENTE O SUSSURRAR INESCRUTÁVEL DA MINHA ALMA.

Como expressar o seu maior tesouro

Vamos lembrar que a vocação não está somente ligada a uma coisa que você faz – como um trabalho ou uma ocupação. A vocação é a expressão do que e de quem você é. É a sua natureza.

A vocação é aquela atividade que faz de você o tipo de pessoa que mais deseja ser. Não é estática. Ela evolui conforme você evolui. Quando está vivendo a sua vocação, você está crescendo em influência e poder, está constantemente motivado e motivando, e está se divertindo plenamente com todos os desafios do dia-a-dia. Você está servindo ao seu mais alto propósito no universo.

Você sabe que está no caminho certo quando a sua atividade:
    Dá prazer
    Parece natural, confortável e correta

Se você não se sente assim, eis onde deve procurar:
    Onde normalmente você se sai melhor
    Onde as coisas correm mais facilmente para você
    Na área pela qual sente paixão
    Onde parece que você tem mais sorte

A sua atividade deve:
    Importar para você
    Dar um sentido à sua vida
    Dar a você um sentido de missão

Se não for assim, eis onde deve procurar:
    Onde tenha prazer de dar de si mesmo
    Onde sinta que é necessário e valioso

Então, assim que você começar a perceber até mesmo o mais leve sinal de progresso, use essa pitada de sabedoria eterna para guiar o seu próximo passo:
    Onde houver fumaça, despeje gasolina!

Quando você sabe que está fora dos trilhos

Tão fácil quanto identificar e seguir a sua vocação é determinar quando você está *fora dos trilhos*. Como um serviço prestado à comunidade, ofereço algumas descrições e exemplos úteis dos tipos de atividade que podem ser chamados de *não-vocação*:

Exige sacrifício

É enfadonho e sufocante

É um ritual degradante

É monótono, tedioso e abominável

Não nos preenche, nem desafia, nem motiva, nem diverte

É exaustivo, desgastante, longo demais

É opressivo

É inútil ou sem sentido

Não é o que queremos fazer

É algo que nos sentimos obrigados a fazer para alcançar o sucesso

Lamentavelmente, a maioria das pessoas nunca descobre a sua vocação porque nem sequer se incomoda em procurá-la. Fica de tal forma envolvida com o trabalho duro, fazendo o que os outros acham que precisa ser feito, que nunca pára para pensar que pode haver uma alternativa mais agradável. Em vez disso, essas pessoas vão atrás do dinheiro, que as condena a uma vida de trabalho tedioso, frustração e de auto-realização limitada. É especialmente triste porque tudo os que essas pessoas querem poderia ser alcançado muito facilmente. Se pelo menos fossem atrás da sua alegria, poderiam revelar sua própria magnificência, contribuir fabulosamente para o mundo, ser majestosamente bem-sucedidas, sem tensão, e nunca mais precisariam trabalhar.

A Divina Comédia de Dante

"No meio da jornada da vida, eu me vi dentro de uma floresta escura, porque tinha me desviado completamente do caminho certo."

Nesta alegoria da sua crise de meia-idade, Dante, o poeta italiano do século XIII, perdido na floresta, percebe que há três feras salivantes – um leão (ambição), um lince (luxúria) e uma loba (avareza) – perseguindo-o de perto, todas imaginando Dante como o prato especial do dia.

Tentando escapar, ele sobe numa colina, mas as feras chegam mais perto. Desesperado, ele clama pela intervenção divina. Sua prece é respondida pelo fantasma de Virgílio, o antigo poeta que morrera mais de mil anos antes, mas cujos versos são venerados por Dante.

"Tenho uma notícia boa e outra ruim", diz o fantasma de Virgílio. "A boa é que existe uma saída; a ruim é que ela vai dar no Inferno."

CAPÍTULO 6 • À PROCURA DA SUA VOCAÇÃO

À medida que eles passam pelos diversos planos do Inferno, primeiramente eles testemunham o sofrimento das almas que nunca descobriram o seu propósito na vida. Ainda em pior situação estão as almas que fomentaram a desordem durante sua vida, abrindo o mundo para mais doenças, crimes e sofrimentos. Esses eram os maiores *pecadores*.

Mais sobre o pecado

Se você não realizar o seu maior potencial, estará enganando a Deus.

LOUISE NEVELSON, ESCULTORA AMERICANA (1899–1988)

Uma palavra de advertência

A *vocação* é só sua. Não é de mais ninguém. Ser motivado pelo objetivo de outra pessoa é bom, mas nunca tente viver a vida de outra pessoa. Não tente ser um pintor quando deveria ser um chefe de cozinha.

Nas palavras de Abraham Maslow, psicólogo americano inovador (1908–1970): "Uma sopa de primeira vale mais do que um quadro de segunda."

A literatura da antiga Índia tem uma posição ainda mais forte com relação a seguir o *dharma* de outra pessoa, que é: cada pessoa tem uma vocação exclusiva. Quando alguém é verdadeiro com o seu *dharma*, promove-se a prosperidade mundial e a liberdade espiritual, e tudo na vida é preservado. Entretanto, não seguir o próprio *dharma* é desaconselhável.

A tragédia na vida da maioria de nós é que morremos antes de ter nascido completamente.
ERICH FROMM
PSICANALISTA
AMERICANO
(1900–1980)

Mesmo que alguém possa realizá-lo, o seu próprio dharma, (embora) com menos mérito, é melhor do que o dharma de outra pessoa. Melhor é morrer no seu próprio dharma:
O dharma de outrem traz consigo o perigo.
Bhagavad-Gita Capítulo 3, Verso 35
um texto védico com cerca de 5.000 anos

O nosso propósito – saúde e vida longa

Para lhe apresentar mais provas de que Deus quer que consigamos descobrir e seguir as nossas vocações, pense nisso: Pesquisas têm provado que as pessoas sem objetivo envelhecem mais cedo. Esses estudos também descobriram que o fator mais importante para reduzir o processo de envelhecimento é a alegria.

A cura de doenças

Em **Love, Medicine, and Miracles**, o Dr. Bernie Segal conta a história de um jovem que foi pressionado pela família para se tornar advogado. Quando estava exercendo a advocacia, ele recebeu o diagnóstico de câncer em fase terminal. Sabendo que o tempo que lhe restava era pouco, o jovem decidiu realizar o sonho que acalentara durante anos e aprender a tocar violino. Um ano depois a doença entrou em completa remissão. Ele nunca mais voltou a exercer a advocacia.

Norman Cousins, em **Anatomy of an Illness**, descreve sua visita a Pablo Casals, o grande violoncelista, que estava então na casa dos oitenta e cujas enfermidades o impediam de andar, vestir-se e até mesmo respirar normalmente. O corpo dele estava encurvado e as mãos inchadas e travadas. Entretanto, todas as manhãs ele se divertia tocando piano antes do café da manhã. Cousins foi vê-lo numa manhã e testemunhou o seguinte:

Eu não estava preparado para o milagre que estava para acontecer. Os dedos lentamente destravaram e se dirigiram às teclas como os botões de uma planta se abrem em direção ao sol. As costas dele se endireitaram. Ele parecia respirar com mais facilidade. Então seus dedos se posicionaram sobre as teclas. E surgiram os compassos de abertura de Bach ... ele cantarolava enquanto tocava, e então disse que Bach falava a ele aqui – e colocou a mão sobre o coração. Então mergulhou num concerto de Brahms, e seus dedos, agora ágeis e fortes, corriam pelo teclado com velocidade espantosa. Todo o seu corpo parecia estar fundido com a música; não estava mais enrijecido e encolhido, mas flexível e gracioso e completamente livre dos entraves da artrite.

Anatomy of an Illness
de Norman Cousins

A bioquímica da alegria

O incentivo de Joseph Campbell para perseguirmos nossa alegria ilumina o caminho que temos diante de nós com uma claridade brilhante. Para provar que existe aí mais do que simples palavras e poesia, poderemos recorrer ao bom e velho tubo de ensaio com toda a sua austera objetividade.

Os cientistas descobriram que o cérebro produz naturalmente neurotransmissores chamados *endorfinas*. Essas endorfinas são como a morfina no seu papel de analgésico e produzem um sentimento prazeroso. Elas são, surpreendentemente, 30 a 50 vezes mais potentes do que a morfina e são produzidas pelo corpo mais abundantemente quando pensamos e agimos *corretamente*.

Pense nisso por um minuto. Quando fazemos o que é certo, o cérebro se irriga com alegria ao produzir endorfinas como recompensa. Nós somos *biologicamente* programados para ir atrás da nossa alegria. Como eu disse, está nas cartas.

Conclusão

Nascemos para enaltecer a criação. Se estivermos felizes e cheios de propósito, saberemos enaltecê-la da maneira certa e mais apropriada. Em conseqüência, permaneceremos jovens, viveremos mais tempo, aproveitaremos o nosso ganho material e faremos deste mundo um lugar melhor. Por outro lado, se formos infelizes naquilo que fazemos, não estaremos enaltecendo coisa nenhuma.

A chave para enaltecer a criação está na descoberta daquela coisa única que é tão envolvente, tão irresistível, tão realizadora que você possivelmente não consegue nem sequer se imaginar fazendo qualquer outra coisa. Quando isso acontecer, você será uma alegria para a criação e para o Criador e estará a caminho da grandeza, como vai descobrir no próximo capítulo.

Bem-aventurado é aquele que encontrou o seu trabalho; que ele não peça nenhuma outra bênção.

THOMAS CARLYLE, ESCRITOR ESCOCÊS (1795–1881)

... E UM PARA O LEITOR, COM MEUS CUMPRIMENTOS.

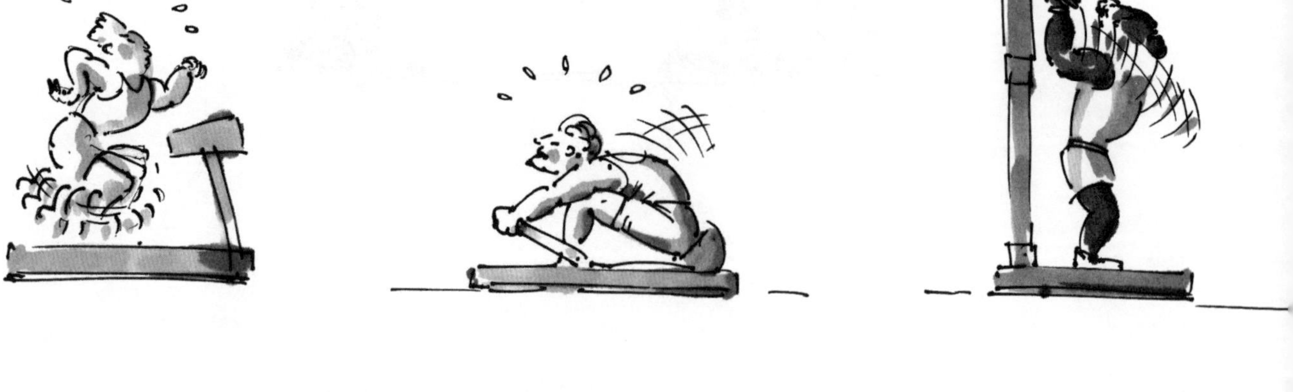

CAPÍTULO 7

O máximo desempenho

Nada é mais simples do que a grandeza; na verdade, ser simples é ser grande.

Ralph Waldo Emerson, poeta americano (1844–1930)

CAPÍTULO 7 • O MÁXIMO DESEMPENHO

A crença que permeia este livro é: *Você tem a grandeza dentro de si.* Todos têm. E o melhor modo de desenvolver sua grandeza é pelo modo preguiçoso – em que não existe nem trabalho nem tensão. Você precisa só se divertir e amar aquilo que faz. Tem só de ir atrás da sua alegria.

Este capítulo vai levar a sua busca pela alegria a um novo patamar ... ao nível da perfeição! Vamos examinar o *máximo desempenho* e como você pode alcançá-lo consistentemente.

Para começar, quero que reflita sobre um de seus grandes desempenhos – um que foi surpreendente, miraculosa e imensamente melhor do que você teria esperado de si mesmo em condições normais. Pode ter sido um desempenho atlético, ou uma sublime expressão artística, ou um feito acadêmico importante, seja lá o que for. Não se detenha apenas no momento em que estava vencendo. Concentre-se no momento em que você se sentiu inteiro, o instante em que você verdadeiramente se sentiu nas nuvens, mesmo que momentaneamente.

Agora pense como se sentiu por estar no meio daquele instante fascinante, quando o seu desempenho estava fluindo sem restrições.

Você já sentiu alguma coisa assim?

"Eu estava atuando dentro de uma zona de euforia. Tudo estava fluindo do meu jeito. O acontecimento (jogo, canção, exame, pintura, discurso, etc.) estava em câmera lenta; tudo tinha perdido as suas características comuns e tinha se tornado infinitamente mais vívido. Meus pensamentos eram poucos mas claros e perceptivos. De repente eu conseguia observar detalhes mínimos (as costuras da bola de tênis que voava, as vibrações minúsculas da corda do violino fazendo cócegas no meu ouvido, os pensamentos da minha parceira de dança sincronizados com os meus), que era o modo completo em que eu estava vivendo naquele momento. Eu estava totalmente livre da preocupação de vencer ou não, ser bem-sucedido ou não. Eu atuei, pintei, joguei, falei, dancei, digitei, escrevi – com liberdade, reagindo espontaneamente sem nenhuma preparação prévia, sem pensar; os resultados foram maravilhosos. Eu atuei sem o meu ego costumeiro. Estava em completa harmonia com o que eu estava fazendo ou meu(s) parceiro(s) ou a máquina ou o cavalo ou a onda ou a Natureza. Agi com toda a atenção, embora não exercesse nenhum controle, e o meu desempenho foi incomparável. Mais do que isso, eu me senti completamente feliz e realizado."

Se você já se sentiu assim, você está em boa companhia. É exatamente assim que os superastros descrevem seus desempenhos mais espetaculares. Entretanto, esses momentos em que se chega ao auge, mesmo para os superastros, são imprevisíveis. Eles não podem ser provocados por meio de manipulação e controle. Esses desempenhos são expressões de desembaraço e ausência de esforço que aprenderemos a cultivar.

Nenhuma grande realização cultural foi feita com grande esforço; uma grande coisa só pode ser feita por um grande homem, e ele a faz sem esforço.

JOHN RUSKIN, ESCRITOR INGLÊS (1819–1900)

Momentos mágicos

Os grandes atletas têm formas maravilhosas de descrever os momentos em que pegam fogo e não podem absolutamente perder. Eles usam termos espirituais – liberdade irresistível, uma mente super-relaxada, deixar de lado o controle consciente e permitir que o desempenho flua naturalmente.

Os jogadores de tênis chamam isso de estar na zona. Os jogadores de basquete chamam de *ir inconsciente*. Por sua vez, um jogador de beisebol perdedor diz que ele não vive essa experiência porque está *pensando demais* ou *tentando com muito esforço*. O Yogue Berra disse isso de um modo melhor. "Pensar? Como você pode esperar que eu pense e bata na bola ao mesmo tempo?" Um desempenho excelente surge ao *reagir espontaneamente* à situação, sem pensar sobre o que está acontecendo. O microcontrole e a manipulação atravancam o caminho do desempenho máximo.

Futebol espiritual

Essa é a descrição de Pelé para a experiência dele:

No meio da partida uma calma estranha toma conta de mim. Sinto que poderia correr o dia inteiro sem me cansar, que poderia driblar qualquer um do outro time ou todos eles, que eu poderia passar através deles fisicamente. ... Talvez seja simplesmente confiança, mas me senti confiante muitas vezes sem aquele estranho sentimento de invencibilidade...

PELÉ, JOGADOR DE FUTEBOL BRASILEIRO (1940–)

Basquete beatífico

Uma das melhores descrições vem de Bill Russell, um dos maiores jogadores de basquete de todos os tempos.

De vez em quando um jogo do Celtic esquentava tanto que se tornava mais do que um jogo físico ou mesmo mental, e ficava mágico ... Quando isso acontecia eu podia sentir o meu jogo passar para um outro patamar ... Podia envolver não só a mim e aos outros jogadores do Celtic, mas também os jogadores do outro time e até mesmo os árbitros...

Normalmente começava quando 3 ou 4 dos jogadores que estavam na quadra se inflamavam; ... A sensação se espalhava pelos outros e todos nós levitávamos. Então o jogo começava e havia um fluxo e refluxo natural que nos fazia lembrar de como o basquete pode ser rítmico e musical.

Eu me descobria pensando: "É isso. Quero que isso continue", e eu estava realmente torcendo para o outro time...

Naquele nível especial, toda espécie de coisas estranhas acontecia. O jogo poderia ficar no auge da competição, e ainda assim de algum modo eu não me sentia competitivo – o que é um milagre em si mesmo. Eu podia estar me esforçando ao máximo, tensionando, pondo os pulmões para fora enquanto corríamos, e ainda assim nunca sentia dor.

O jogo poderia se movimentar tão rapidamente que cada gesto para enganar o adversário, cada corte e passe podia até ser surpreendente, e ainda assim nada me surpreendia.

Houve muitos momentos na minha carreira em que me senti comovido ou alegre, mas aqueles eram os momentos em que eu sentia calafrios correndo pela minha espinha.

[Esses feitiços] eram deliciosos quando vinham, e a esperança de que viessem era uma das mais fortes motivações para estar ali...

Em diversas ocasiões, quando o jogo acabou com todo aquele gás, quem tinha vencido não importava. Se tivéssemos perdido, eu ainda estaria livre e voando alto como um falcão no céu.

SECOND WIND: THE MEMORIES OF AN OPINIONATED MAN
POR BILL RUSSELL

Expressão artística

Os músicos falam daqueles momentos eufóricos quando todos os instrumentistas de um conjunto transcendem coletivamente seu ego individual e se fundem para se tornar *um* músico tocando todos os instrumentos.

Os músicos dizem que esses momentos especiais não podem ser planejados. Acontecem somente quando cada músico pára de tentar controlar e abandona a sua necessidade de controle.

CAPÍTULO 7 • O MÁXIMO DESEMPENHO

Nesses momentos extraordinários, a música ganha uma dimensão espiritual e emociona tanto os músicos como os ouvintes.

Criatividade espontânea

A criação de Chopin era espontânea e miraculosa. Ele a achava sem procurá-la e sem tê-la previsto. Ela chegava ao seu piano de repente, completa, sublime, ou ficava soando em sua cabeça durante um passeio e ele ficava impaciente para tocá-la.

Ele se trancava no quarto dias inteiros, lacrimejante, caminhando, quebrando canetas, repetindo e alternando um compasso centenas de vezes, escrevendo e apagando outras tantas, e recomeçando no dia seguinte com uma perseverança minuciosa e desesperada. Ele gastava seis dias numa única página – para escrevê-la por fim como a tinha anotado da primeira vez.

GEORGE SAND, ROMANCISTA FRANCESA (1804–1876) SOBRE CHOPIN

Sem esforço

É difícil explicar quando as coisas vão bem. Quando escrevo alguma coisa da qual eu gosto, me pergunto: "Quem escreveu isso?" E digo a mim mesmo: "Não fui eu. Não sei de onde isso apareceu." E embora eu realmente saiba isso... Parece tão sem esforço.

NEIL SIMON, AUTOR DA BROADWAY (1927–)

Balé de tirar o fôlego

Quando tenho aqueles momentos fantásticos em que tudo está dando certo, fica tão fácil. Digo a mim mesmo: "Meu Deus, é tão fácil."

Para mim o objetivo máximo é a concentração total, para eliminar todas as idéias e pensamentos que possam atrapalhar. Então, no momento em que piso no palco, tenho uma linha direta de concentração. Daí em diante tudo é espontâneo.

EDWARD VILLELLA, BAILARINO AMERICANO (1936–)

CAPÍTULO 7 • O MÁXIMO DESEMPENHO

Alegria

Num momento criativo ... o poeta tem uma sensação de abundância inesgotável ... Esse é um estado de alegria ... Nele o poeta sente que todo o seu ser fica ampliado e que ele é capaz de sentir uma plenitude sem precedentes, que, no dia-a-dia, ele só usufrui em fragmentos.

C. M. BOWRA, POETA INGLÊS (1898–1971)

Comédia cósmica

Quando você mexe com o público, isso é pura alegria ... É como estar na equipe vencedora, sabendo que está fazendo a sua parte. Quando está flutuando livremente, quando as gargalhadas estão vindo em ondas cada vez mais fortes, você regula o seu sentido exato de tempo de maneira livre e espontânea ... Então o sentido exato de tempo torna-se o ritmo do mundo.

BOB HOPE, HUMORISTA AMERICANO (1903–2003)

Fluxo

O Dr. Mihaly Csikszentmihalyi, professor de psicologia da Universidade de Chicago, vem investigando o tipo de experiência que ele chama de *fluxo*. *Fluxo*, diz ele, é um estado de absorção e encantamento, um estado que fica entre o aborrecimento de um lado e a ansiedade do outro.

Em outras palavras, as pessoas estão *em fluxo* quando estão tão profunda e alegremente envolvidas com seu trabalho que não estão nem aborrecidas nem ansiosas, nem medrosas ou conscientes do seu desempenho.

Que pena, estar *em fluxo* não é como a maioria das pessoas vive. Segundo o Dr. Csikszentmihalyi, a maioria passa a vida indo de um trabalho do qual não gosta mas se sente obrigado a fazer para uma atividade de lazer que não oferece nenhum estímulo. "Assim, a vida transcorre numa seqüência de experiências de aborrecimento e ansiedade sobre a qual a pessoa exerce pouco controle." Entretanto, quando uma pessoa está *em fluxo*, ...

A alienação dá lugar ao envolvimento, a diversão substitui o aborrecimento, a desesperança transforma-se num sentimento de controle e a energia física trabalha para reforçar o sentido do eu, em vez de se perder a serviço de objetivos externos.

Flow: The Psychology of Optimal Experience, Dr. Mihaly Csikszentmihalyi

Um bom diretor nunca pode forçar uma cena; ele precisa apenas deixá-la acontecer e esperar que ela se resolva.
John Huston
diretor
americano
(1906–1980)

Esforçar-se muito

Quem quer que alguma vez tenha experimentado a experiência de estar *em fluxo* ou *na zona* procura um modo de atingir esse estado novamente. Mas ele não pode ser encontrado por meio de tentativas. No modo semelhante ao Zen, a tentativa produz o efeito contrário, que é o de interromper o fluxo.

Todo o pensamento em cima do arame leva à queda.
Philippe Petit, equilibrista de corda bamba

Não se prender

Um outro traço comum entre essas experiências é não se preocupar se vai ganhar ou não; o foco não está voltado para os frutos da ação. Muitos atletas se equiparam aos maiores no seu esporte durante um lance, mas tão logo o ponto é conseguido, eles voltam ao mundo dos mortais.

ESTOU AQUI COM O FAMOSO SÁBIO TAOÍSTA DE 2.500 ANOS DE IDADE, CHUANG TZU. SENHOR, QUAL É O SEGREDO DO MÁXIMO DESEMPENHO?

ANDAR SEM TOCAR O SOLO.

> *Quando um arqueiro está atirando suas flechas sem concorrer a nada, ele está na posse de todas as suas habilidades.*
> *Se atira por um cinto de bronze, já fica nervoso...*
> *O prêmio o deixa dividido.*
> *Ele se preocupa.*
> *Ele pensa mais em vencer do que em atirar – e a necessidade de vencer*
> *Esgota todo o seu poder.*
>
> CHUANG TZU, SÁBIO CHINÊS TAOÍSTA (369–286 A.C.)

Minha chave para a experiência máxima

Vá atrás da sua alegria e não se deixe prender pelo objetivo. Concentre-se no processo. Este é o caminho para o máximo desempenho.

Esses momentos especiais surgirão quando estivermos tão profundamente absortos no que fazemos que deslizaremos calmamente para além do desejo do ego de controlar e o nosso desempenho fluirá livre e naturalmente. É esse abandono que permite que nos tornemos um canal sem atrito para que flua a grandeza com que a natureza inicialmente nos dotou. O nosso propósito individual e o nosso fluxo fundem-se com o propósito universal, o fluxo universal. O resultado é o desencadeamento do potencial ilimitado e de um desempenho extraordinário.

Ralph Waldo Emerson disse poeticamente que é como se alguém "atrelasse um vagão a uma estrela e visse suas tarefas feitas pelos próprios deuses".

NÃO TENTE. FAÇA! OU NÃO FAÇA! A TENTATIVA NÃO EXISTE.*

AHH! JEDI FRED, QUE A REDE ESTEJA COM VOCÊ.

*DE STAR WARS: O IMPÉRIO CONTRA-ATACA

CAPÍTULO 8

O modo preguiçoso para atingir o poder e a eficiência

Quanto menos esforço empregar, mais rápido e mais poderoso você será.

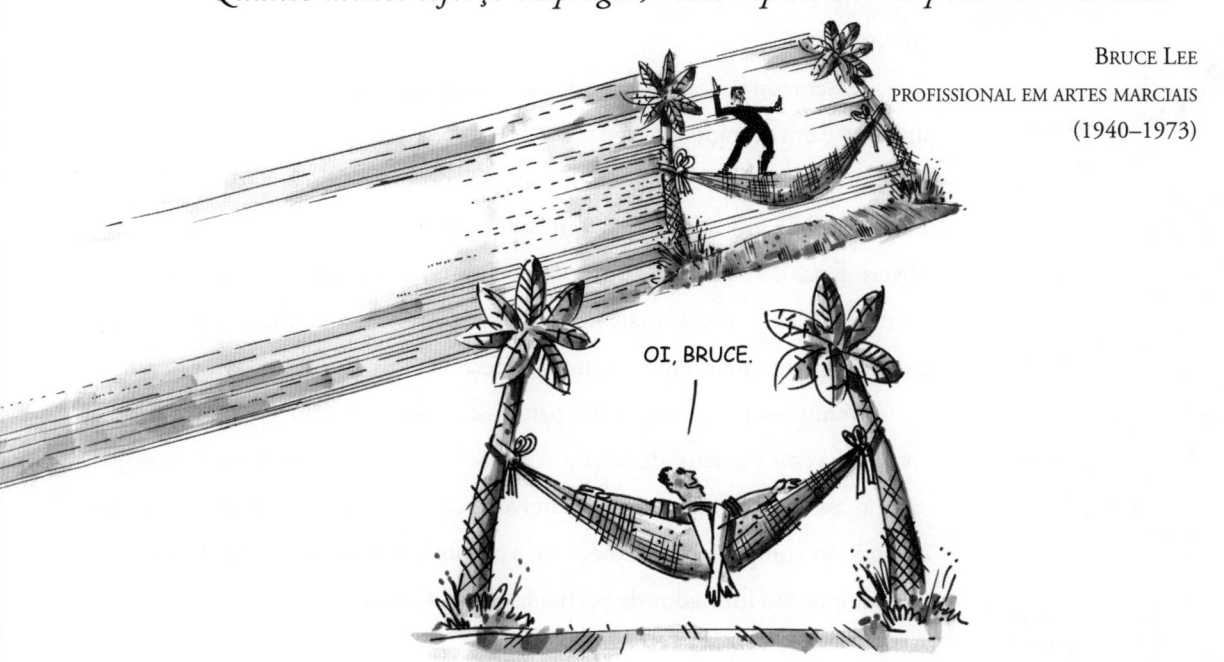

BRUCE LEE
PROFISSIONAL EM ARTES MARCIAIS
(1940–1973)

OI, BRUCE.

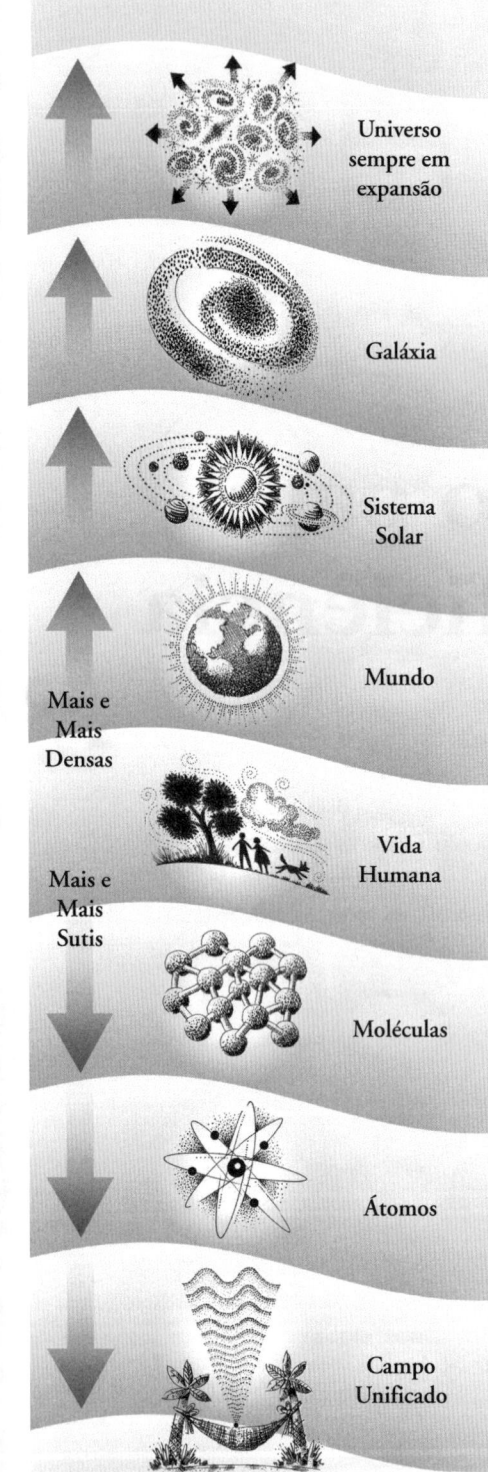

Até agora expliquei que o trabalho duro é ineficiente, improdutivo e sem sentido. Agora eu vou explicar *por que* o trabalho duro é ineficiente, improdutivo e sem sentido.

Vimos que o sucesso é inversamente proporcional ao trabalho duro. Mas de que modo ao se fazer menos se realiza mais? Por que reduzir os esforços é mais eficiente do que aumentar os esforços? Existe algum princípio profundo que uma pessoa preguiçosa possa compreender e então aplicar com sucesso?

Deixe-me responder a última pergunta em primeiro lugar. Sim, existe tal princípio. Dentro desse princípio repousa o segredo de se conseguir tudo. E, no Capítulo 9, veremos como esse princípio é o principal segredo, na verdade o único, para resolver todos os problemas.

Introdução ao grande princípio empregado com sucesso pelo preguiçoso

O segredo da pessoa preguiçosa para o poder repousa no modo como o universo é estruturado. Tudo na criação foi construído em camadas. A camada mais óbvia é a superfície que experimentamos com os nossos sentidos. Mas sob essa superfície grossa ficam as camadas progressivamente mais sutis, menos óbvias. Essas camadas mais sutis são menos tangíveis, menos concretas, mais abstratas. Menos ativas, mais inativas. Esses níveis mais sutis formam a base para as camadas mais espessas, mais concretas.

Vamos usar a física quântica para ilustrar esse princípio. Quando olhamos em torno vemos objetos duros, específicos. Mas, como todo aluno do colegial sabe, o assim chamado mundo tangível é construído em camadas: todos os objetos são compostos de moléculas, e as moléculas são formadas de átomos, e os átomos são formados de partículas subatômicas.

Por sua vez, no nível das partículas subatômicas alguma coisa surpreendentemente misteriosa acontece – o mundo sólido desaparece. As partículas subatômicas se mostram como ondas em campos subjacentes. Essas partículas, os blocos de construção da criação, não são de forma nenhuma bolas minúsculas e sólidas; elas são o que os físicos algumas vezes chamam de *ondículas* ou *pacotes de ondas*. E o próprio campo, a base da onda, é um oceano ilimitado de puro potencial – o mais poderoso de todos os níveis, perfeitamente inativo embora sendo a forma mais concentrada de inteligência da natureza.

Não apenas na física

Não precisamos limitar a nossa discussão sobre camadas à física quântica. Vamos usar o exemplo da fisiologia. O corpo é formado de camadas sutis. Os órgãos maiores são formados de células. As células têm núcleos, membranas e outras partes. Essas feições mais sutis, por sua vez, são formadas de moléculas, inclusive a molécula de DNA.

Podemos visualizar a individualidade humana em termos de camadas. O corpo é a camada mais evidente ou material. Mais sutis são os sentidos. Mais sutil ainda é a mente que pensa. Ainda mais sutil é o intelecto que discrimina. Mais sutil ainda é o ego ou *sentido do eu* – o elemento que distingue o indivíduo do resto do universo. E no que isso tudo se baseia? A camada mais sutil é a consciência, a base de toda a experiência e expressão humanas. (Mas trataremos disso mais adiante.)

O grande princípio

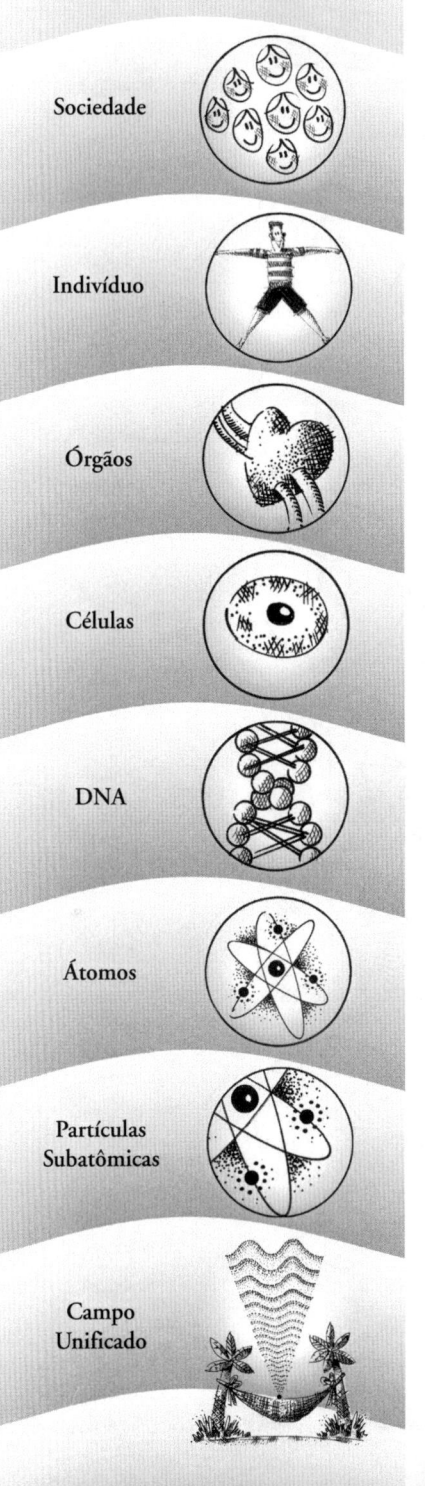

É muito importante que esse conceito seja entendido, que o sutil é a base do tangível, e que o conheçamos profundamente. Porque, com essa compreensão, você será capaz de atingir um grau de poder grande e glorioso. E a razão é tão surpreendente quanto um tremor de terra: *o poder reside na sutileza*. Em outras palavras, o sutil é mais poderoso do que o denso. Quanto mais sutil, mais poderoso.

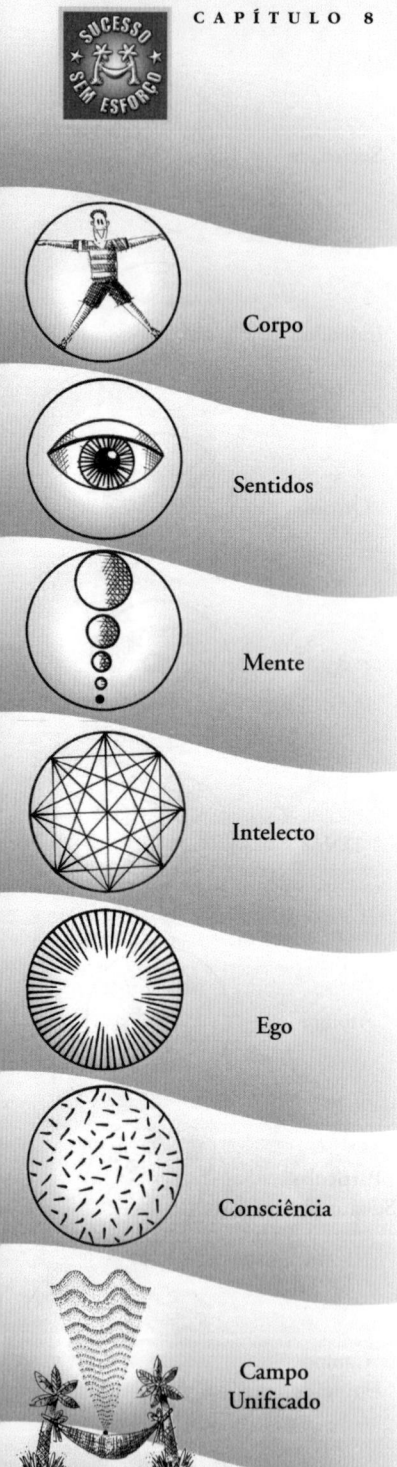

Esse princípio é uma verdade absoluta e inequívoca — as camadas mais sutis, mais fundamentais, de *qualquer sistema* são *sempre* mais poderosas do que as mais espessas e mais óbvias

Aqui reside o segredo do sucesso. Contrariamente à violência insensata do machismo, o poder repousa na *delicadeza*. Este princípio, quer seja usado conscientemente ou não, é a base de todo o sucesso e de todas as soluções

Comparação entre o poder grosseiro e o poder sutil

Vamos examinar o poder grosseiro *vis-à-vis* com o poder sutil.

Digamos que sejam jogadas quatro toneladas e meia de martelos de um avião. Elas fariam um estrago danado e um buraco enorme em qualquer coisa que desgraçadamente estivesse embaixo.

Agora, pense no tamanho de um buraco criado depois da explosão de quatro toneladas e meia de dinamite. Seria bem maior. Por quê? Porque os martelos atingem apenas a superfície da criação enquanto a dinamite interage num nível mais sutil, *e portanto mais poderoso*, da criação — as moléculas.

Vamos rezar para que isso nunca mais aconteça — mas imagine as bombas atômicas jogadas em Hiroshima. Juntas elas pesavam quatro toneladas e meia e produziram o equivalente a vinte *mil* toneladas de dinamite — 4.444 vezes mais destrutivas do que a dinamite. Por quê? Porque o poder da bomba atômica deriva dos átomos, um nível ainda mais sutil do que o molecular.

Uma bomba H é mais poderosa ainda do que uma bomba A. Ela usa átomos de hidrogênio — mais simples e mais leves em peso do que os complexos e pesados átomos do urânio usado na bomba A. A mais poderosa bomba H testada até hoje tinha um poder destrutivo equivalente a 57 *milhões* de toneladas de dinamite. E eu suspeito que o lote inteiro pesava menos de 4.050 quilos.

O poder reside no que é delicado.

Fissão e fusão

A bomba A divide os núcleos dos átomos de urânio, o qual converte parte da massa em energia. Este processo é chamado de fissão.

A bomba H, em vez de dividir o núcleo, funde dois núcleos para formar um. Esse processo é chamado de fusão. Uma pequenina porção de massa é deixada fora dessas detestáveis núpcias nucleares. Torna-se energia inflamada. E muita.

A famosa fórmula de Einstein $E = mc^2$ revela quanto. Segundo Einstein, o volume de energia (E) criado é igual à massa em questão (m) multiplicada pela velocidade da luz (c) ao quadrado.

Sabemos que a luz move-se a 299.792.458 m/s. Isso quer dizer que c ao quadrado é 299.792.458 vezes 299.792.458 ou 89.875.517.873.681.764. Depois de ligar todos os números na fórmula de Einstein e fazendo o cálculo, no caso da bomba H, quando dois átomos de hidrogênio fazem um átomo de hélio, você indubitavelmente conclui que a quantidade mínima de massa que sobrou certamente carrega muita força.

Transformando agora a fusão numa aplicação positivamente celestial, deixe-me comunicar-lhe que o nosso Sol usa a fusão para aquecer e iluminar todo o nosso sistema solar. O grande poder do Sol é gerado por funcionar num plano extremamente sutil da natureza.

FINALMENTE! ALGUMA COISA INTELIGENTE CAI DESSES AVIÕES ESTÚPIDOS.

Aumentar sutilmente é a base do progresso

Quando olha para trás para rever o progresso tecnológico que temos feito como sociedade, você percebe que na verdade é a história da ascensão da sutileza e a queda do materialismo. Pense nisso: televisão, fax, microondas, fibras óticas, *lasers*, computadores, *software*, etc., utilizam o imaterial, os aspectos sutis da natureza. A tecnologia de ponta é toda baseada no imaterial.

> TODOS OS PROBLEMAS GIGANTES TÊM SOLUÇÕES PEQUENINAS, COMO VOU DEMONSTRAR RESUMIDAMENTE E VOCÊ VAI LER NO CAPÍTULO NOVE.

Todos os avanços tecnológicos que desfrutamos todos os dias tiram proveito dessas atividades químicas, biológicas e/ou eletromagnéticas tão sutis, que são invisíveis aos sentidos humanos. Embora essas mesmas atividades invisíveis influenciem profundamente todos os aspectos do dia-a-dia do mundo material.

Como competir contra gigantes e vencer

Como pode um fracote pesando 44 quilos atingir um peso-pesado? Fácil – empregando o poder do que é delicado.

Davi derrotou Golias por ser mais delicado. Ele simplesmente recorreu a uma lei da física mais sutil do que a força bruta. Ele usou a força centrífuga, sem falar da precisão da sua pontaria. Davi derrubou Golias sem transpirar uma gota de suor.

No século XIX, a delicadeza da interação molecular permitiu que pesos-mosca, que não conseguiriam bater num inseto, competissem em igualdade de condições contra homens gigantescos e musculosos. O Grande Equalizador (o apelido para o revólver de seis tiros do Velho Oeste) se valeu de atributos mais sutis do que o tamanho e a força para separar os vencedores dos perdedores – atributos como reflexos, coordenação precisa entre a mão e o olho e bons nervos.

A bomba que encerrou a guerra no Pacífico foi desenvolvida pelos acadêmicos de Los Alamos e não por guerreiros viris.

Como competir com as armas

Infelizmente, as próprias armas tornaram-se um grande problema. Vivemos num mundo que precisa desesperadamente saber como evitar o uso de armas destrutivas.

Dá para usar o mesmo princípio de crescer sutilmente para derrotar as armas? Sim, só precisamos funcionar num nível mais sutil do que as armas.

O ditado "a caneta é mais poderosa do que a espada" nos dá uma pista.

Como pensar é mais sutil, expressar idéias por meio da palavra escrita influencia mais pessoas, mais efetivamente do que qualquer tipo de coerção apoiada em armas.

Mas o que fazer se, diante da nossa lógica impecável e argumentos intelectualmente sem falhas, a outra pessoa não quiser ser convencida? Temos de aprofundar um pouco. Para mudar a opinião de uma pessoa, precisamos agir num nível ainda mais sutil. Precisamos ganhar o coração da pessoa com a mais sutil de todas as emoções – o amor. Então, haverá um terreno fértil para todas as discussões lógicas e intelectuais. O ditado "o amor conquista tudo" é totalmente verdadeiro, já que consegue conquistar até mesmo a fortaleza mais blindada – o intelecto humano.

> HÁ DOIS PODERES NO MUNDO – A ESPADA E A MENTE. NO FINAL, A ESPADA É SEMPRE DERROTADA PELA MENTE.
> NAPOLEÃO

O amor nunca falha.   I CORÍNTIOS 13:8

Utilizando a mais sutil das leis da natureza ou a mais delicada camada da criação, você será bem-sucedido naturalmente porque você realizou mais com muito menos esforço.

A Bíblia diz em Mateus 5:5: *Os sutis herdarão a terra*. Na verdade, a tradução comum do texto grego é *mansos*, mas estou convencido de que não só é uma tradução extremamente fraca como um trágico mal-entendido da declaração original. Faz mais sentido do meu jeito.

Derrotando o inimigo

As coisas mais suaves do mundo superam as mais duras. Por isso eu reconheço a vantagem de não empreender nenhuma ação.

LAO-TSÉ, FUNDADOR DO TAOÍSMO (604–531 A.C.)

MEUS CONVIDADOS DESTA NOITE SÃO UM FANTOCHE ANFÍBIO, UM DUENDE E UMA DUPLA DE HISTÓRIA EM QUADRINHOS.

CAPÍTULO 9
O modo preguiçoso (e único) de resolver os problemas

Os problemas significativos que enfrentamos nunca podem ser resolvidos no mesmo nível de pensamento que os criou.

ALBERT EINSTEIN, FÍSICO TEÓRICO (1879–1955)

CAPÍTULO 9 • O MODO PREGUIÇOSO (E ÚNICO) DE RESOLVER OS PROBLEMAS

Pessoalmente, eu não suportaria a vergonha de dizer que tive que trabalhar duro. Isso seria admitir que não encontrei um modo inteligente de realizar uma tarefa. Mas outras pessoas, ao que parece, não compartilham os meus melindres. Ficam se gabando de como trabalham duro, como se ineficiência e ineficácia fossem coisas dignas de se sentir orgulho.

Vamos encarar isso. Nenhuma pessoa sã escolheria fazer alguma coisa do modo mais difícil se houvesse uma solução mais fácil e mais efetiva. Infelizmente, as soluções rareiam tanto que as pessoas acabam por achar que o trabalho duro é um substituto adequado. Que tempos melancólicos vivemos quando o trabalho, com toda a sua impotência, é elevado à posição régia de solução.

Então por que as soluções reais são tão escassas e a epidemia de dar duro no trabalho tão disseminada? As soluções não estão rareando tanto. O que ocorre é que ninguém sabe onde procurar. Com dolorosa previsibilidade, depois de procurar as soluções em lugares onde elas nunca são encontradas, as pessoas sempre concluem que precisamos trabalhar duro. A idéia distorcida de que trabalhar duro resolve os problemas nos foi impingida com tanta freqüência, que agora é aceita como verdade universal.

Deixe-me mostrar onde as pessoas erram. Ao encarar um problema, a grande maioria (e isso é invariavelmente verdade quando se trata de governantes) procura a solução no mesmo nível do problema. Isso significa que as pessoas primeiro tentam resolver o problema lidando diretamente com os sintomas dele. Por exemplo, um sintoma de que uma árvore está morrendo de sede são suas folhas secas. Os políticos iriam sugerir que é preciso trabalhar duro e molhar cada folha.

Isso é como a maioria e, especialmente, os governantes lidam com os problemas. E é por isso que os problemas pioram. Em vez de molhar as raízes, eles trabalham duro para aliviar os sintomas.

POR ESSA LÓGICA O MODO DE ACABAR COM OS ASSASSINATOS É MATANDO TAMBÉM.

COMBATA O FOGO COM FOGO

A medicina moderna é conhecida por se satisfazer em tratar os sintomas. Mas tratar os sintomas nunca curou uma doença. Tratar os sintomas de hipertensão com remédios não resolve o problema de hipertensão. Tome comprimidos e sua pressão sangüínea vai baixar. Pare de tomá-los e ela sobe imediatamente. Portanto, os comprimidos estão apenas mascarando os sintomas. Não somente o remédio não está curando nada, como está criando problemas adicionais – efeitos colaterais nocivos e novas doenças. Ainda assim os médicos enchem os pacientes de comprimidos que não curam nada e cobram por esse serviço.

Tentar resolver um problema no mesmo nível do problema é tão equivocado quanto tentar acabar com a escuridão passando-lhe um sermão, ou tentar arrastá-la para fora da sala, ou, no caso dos governos, pondo a culpa na oposição. A solução para acabar com a escuridão não tem absolutamente nada a ver com a escuridão. Não está no mesmo nível da escuridão. A escuridão é a ausência de luz. Portanto, traga luz e a escuridão acaba.

As soluções nunca são encontradas no mesmo nível do problema.

Agora, deixe-me contar-lhe bem baixinho o grande e glorioso segredo. Ele poderia mudar o mundo para sempre. *As soluções são sempre encontradas num nível mais sutil que o problema.*

...SUAS OPINIÕES SOBRE VIOLÊNCIA, VINGANÇA E GUERRA

"GOSTARIA QUE FICASSE REGISTRADO QUE SOU CONTRA A VIOLÊNCIA COM O OBJETIVO DE RESOLVER UM CONFLITO."
– Kermit, a Rã

"É INÚTIL USAR VINGANÇA CONTRA A VINGANÇA: NÃO VAI RECUPERAR NADA."
– Frodo
O Senhor dos Anéis

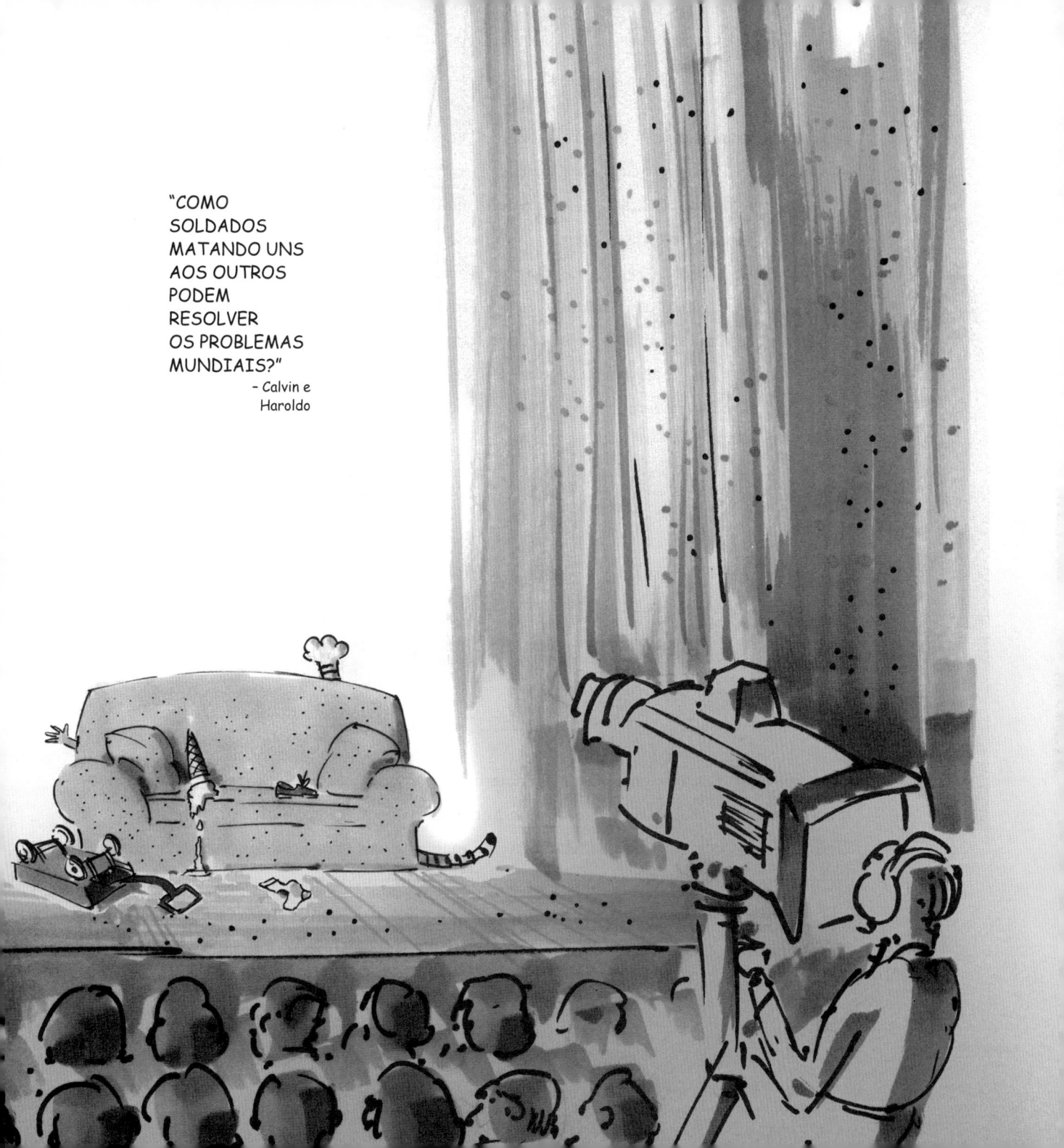

"COMO SOLDADOS MATANDO UNS AOS OUTROS PODEM RESOLVER OS PROBLEMAS MUNDIAIS?"
– Calvin e Haroldo

A arte de localizar níveis mais sutis

Já que a chave para encontrar soluções é procurar por elas num nível mais sutil, felizmente, desde o nosso último capítulo, já estamos cultivando um entendimento melhor do que é um nível mais sutil. Vimos que todo o sistema no universo é construído em camadas. Mais densas e mais óbvias, as camadas mais expressivas são compostas de camadas mais sutis que são estados mais simples, mais fundamentais e mais abstratos de um sistema. Os níveis mais densos são complicados, barulhentos e têm uma porção de partes que se movem selvagemente. Em comparação, os níveis mais sutis são mais simples, silenciosos e menos ativos. Existe diversidade no que é mais denso. A unificação aumenta quanto mais avançamos no sutil.

Se o problema for encontrado em determinado nível, então a solução será encontrada num nível mais sutil, mais básico. Como que por mágica, quando atuamos num nível mais sutil, resolvemos o problema mais rapidamente, de maneira mais barata, fácil, segura e elegante. As soluções para os problemas estão sempre num nível mais sutil do que o problema.

O segredo de resolver problemas é atuar num nível mais sutil, o que vai sempre resultar em menos trabalho e mais realização. E para dar esse delicioso passo adiante, quanto mais sutil o nível da solução, mais longe a influência vai chegar.

Davi e Golias revisitados

Davi não era bobo. Ele sabia que não tinha a menor chance de derrotar Golias empregando força física. Ele certamente não iria desafiar Golias para um combate corporal pondo sua vida em perigo. E mesmo que o perigo fosse menor para a vida de Davi, não existe um jogador vivo, não importa de quanto fosse a vantagem oferecida, quem apostaria em Davi num contexto de força versus força como boxe, levantamento de peso ou mesmo queda-de-braço. Tentar derrotar Golias atuando no mesmo nível dele era simplesmente impossível.

Entretanto, Davi ampliou a sua relativamente diminuta estatura ao fazer uso do poder delicado. Davi usou a mais sutil das forças da natureza para derrubar Golias. A solução para o problema Golias foi encontrada num nível mais sutil do que o da força física.

A guerra de Tróia revisitada

Os gregos e os troianos tinham ficado presos numa guerra que já durava dez anos. A guerra finalmente foi vencida ao ser travada num nível mais sutil. Nesse caso, a vitória não dependia de nada que tivesse a ver com a guerra. Não foi ganha por meio de grandes façanhas ou pela força das tropas ou estratégia militar, nem por domínio aéreo ou marítimo. Nem as alianças divinas tiveram peso porque os dois lados tinham apoios com pesos equivalentes. A vitória sobre Tróia não foi conseguida no mesmo nível do problema, isto é, empregando o poder militar.

Ganhar essa guerra exigiu a percepção clara de que lutar dá muito trabalho (e é muito perigoso) e que tomar de assalto a impenetrável fortaleza de Tróia custava muito em termos de esforço e despesas, sem mencionar o fato de que isso nunca tinha funcionado nas tentativas feitas anteriormente. Vencer essa guerra exigia uma abordagem mais sutil e, portanto, mais poderosa.

Como sabemos agora, quanto mais aproveitarmos o sutil, mais facilmente alcançaremos os resultados. Os gregos aproveitaram de tal modo o *sutil*, que ganharam a guerra não fazendo *absolutamente nada*. Literalmente, tudo o que eles tinham de fazer era *não fazer nada* – não falar, não se mexer, não ficarem nervosos, nem mesmo respirar fundo, *nada!* Os troianos, *os derrotados*, fizeram todo o trabalho. Eles tiveram a tarefa árdua de empurrar o enorme cavalo de madeira recheado com um batalhão de homens para dentro da sua fortaleza. Os gregos, os *vencedores*, só foram dar uma voltinha. Os gregos venceram a guerra do jeito preguiçoso – nem mesmo suaram para isso.

Os problemas residem no que é pesado.

Para encontrar soluções precisamos olhar para o sutil.

Os níveis mais sutis são mais fundamentais.

Os níveis mais sutis são mais abstratos.

Os níveis mais sutis são mais simples.

As soluções residem

no

sutil

•

O mais sutil é mais simples

Os físicos estão buscando entender o universo em função de uma fórmula simples. Como se teoriza sobre isso e se descobrem crescentes estados mais sutis de matéria e energia, percebemos como tudo está ligado e tem uma origem comum. Há algumas décadas, os físicos precisaram de um modo mais preciso e compacto de descrever e identificar os complicados padrões entre as partículas. O conceito vencedor descreveu as partículas em função de seus blocos de construção (um estado até mesmo mais sutil do que as próprias partículas). Esses blocos de construção foram chamados *quarks*. Essas descrições de partículas baseadas em *quarks* deram aos físicos um enorme impulso para a compreensão do modo como a natureza trabalha, que se mostrou muito elegante, conciso e simples.

Na física, quando se descobrem novas coisas, é realmente mais simples. Temos essas integrações em que tudo é mais simples do que antes. Isso é comum para todas as nossas leis; todas elas acabam por se mostrar coisas simples ...
Você pode reconhecer a verdade pela sua beleza e simplicidade.

SURELY YOU'RE JOKING MR. FEYNMAN!

DE DR. RICHARD FEYNMAN,

VENCEDOR DO PRÊMIO NOBEL DE FÍSICA (1918–1988)

O mais sutil gera o mais sutil

Quando os nossos trisavós estavam vivos, a eletricidade e o magnetismo eram vistos como fenômenos separados. O físico escocês do século XIX James Clerk Maxwell, ao examinar os dois num plano mais básico (sutil), criou uma descrição unificada que abrangia ambos de modo preciso e completo – o eletromagnetismo.

Exatamente como um patamar de instrumentos precisos torna possível até mesmo a criação de instrumentos ainda mais precisos, avançar em planos mais sutis prepara o terreno para maiores sutilezas que, por sua vez, criam a possibilidade de outras ainda maiores. O entendimento mais unificado de Maxwell preparou o caminho para avanços mais sutis, até então impossíveis – a teoria da relatividade de Einstein e outras grandes inovações. A indústria do rádio e da televisão e suas inúmeras aplicações são o resultado direto da descoberta de Maxwell.

Grandes problemas

Alguns problemas são tão grandes que parece que nada poderá resolvê-los. Ainda assim, lembre-se, o poder reside no sutil. Quanto mais sutil mais poderoso.

Um grande e, aparentemente, insolúvel problema simplesmente exige uma solução mais sutil. Quanto maior o problema, mais sutil será o plano em que você deve ir para encontrar a solução.

Problema significa falta de solução. Do mesmo modo que escuridão quer dizer ausência de luz. A solução não é lidar com o problema (escuridão), mas encontrar a solução (luz):

Problemas de fraqueza não são resolvidos ao se lidar com a fraqueza, mas buscando força.

Problemas de ignorância não são resolvidos ao se lidar com a ignorância, mas buscando a inteligência.

Problemas de doenças são resolvidos facilmente *com tranqüilidade.*

CAPÍTULO 9 • O MODO PREGUIÇOSO (E ÚNICO) DE RESOLVER OS PROBLEMAS

> *Eu não destruo meu inimigo quando faço dele meu amigo?*
>
> ABRAHAM LINCOLN, PRESIDENTE AMERICANO (1809–1865)

Problemas com ódio são resolvidos com amor. Como o amor é mais sutil do que o ódio? No espectro das emoções humanas, o ódio é uma expressão bruta e o amor, em oposição, é um impulso sutil do coração.

Dar de comer só resolve o problema da fome temporariamente. Ou pode criar um problema ainda maior – a dependência. A solução permanente para a fome reside em educar as pessoas a serem auto-suficientes.

E lutar nunca resolveu nada. Depois da luta os mesmos problemas que já existiam permanecem. O problema da guerra não pode ser resolvido pela guerra. A solução para a guerra também não é encontrada no mero cessar fogo – nem conseguido pela negociação nem pelo cansaço de trucidarem uns aos outros. A solução para a guerra é encontrada num estado profundamente sutil de paz e harmonia em cada pessoa, no qual o medo, a ansiedade e a animosidade não existem. (Examinaremos melhor esse aspecto mais adiante.) Finalmente, poderíamos imaginar que alguém com todo o conhecimento sobre toda a gama de sutilezas do universo evitaria todos os problemas antes que eles surgissem.

ESTE CONSEGUIU SER O PARADOXO MÁXIMO.

Heyam duhkham anagatam.
(TRADUÇÃO: EVITE O SOFRIMENTO QUE AINDA NÃO SE MANIFESTOU.)

YOGA SUTRAS DE PATANJALI

Como vamos evitar o sofrimento que ainda não se manifestou?

Se nos especializarmos no que é sutil. Afinal, Orfeu subjugou a morte com a sua música.

O meu conselho

O mundo não é plano nem linear. Tem uma infinita profundidade e dimensão. Todos os níveis têm uma base mais sutil, mais abstrata.

Quando você cultivar o apreço pelo sutil, não só crescerá em poder, mas perceberá e aplicará as soluções espontaneamente. Mas quem só aprecia o valor superficial das coisas será condenado à frustração, ao fracasso e, pior do que tudo, ao trabalho duro.

Conclusão

As soluções para os problemas são sempre encontradas num nível mais sutil (e produtivo) porque os níveis sutis são mais poderosos e unificados. Este não só é o modo preguiçoso de resolver os problemas, este é o segredo único para resolver os problemas! É definitivamente um projeto que vale a pena ser seguido.

Fazemos menos quando desempenhamos sutilmente e, em conseqüência, realizamos mais. Isso leva à conclusão brilhante de que afinal tudo pode ser conseguido ao não se fazer nada. Ou, nas palavras do bom Dr. Fuller, *Tudo o que é ponderável fisicamente será controlado pelo intelecto metafísico de tudo o que não tem peso.*

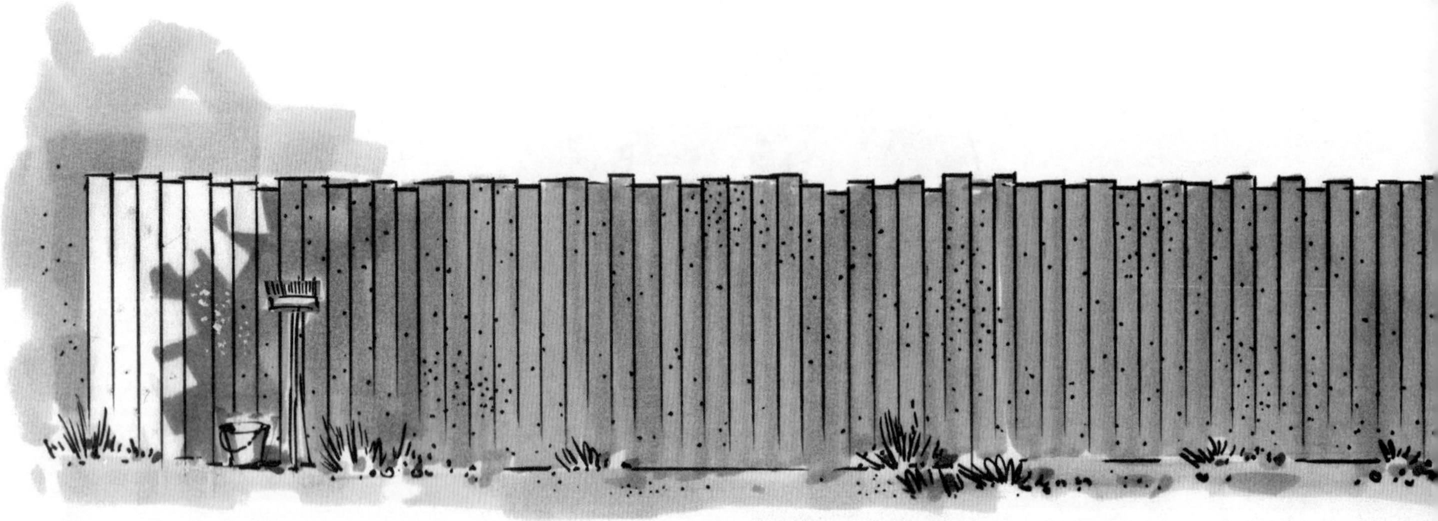

SUCESSO SEM ESFORÇO

CAPÍTULO 10

O modo preguiçoso de liderar sem esforço

O castigo de tia Polly por Tom cabular as aulas era *"transformar o seu sábado de folga em cativeiro, trabalhando duro"*. **TOM SAWYER** DE MARK TWAIN

EM OUTRAS PALAVRAS, TOM ERA CONDENADO A CAIAR A CERCA. VAMOS RECORDAR ESTA CENA CLÁSSICA.

Tom apareceu na calçada com um balde de cal e um pincel com cabo comprido. Ele olhou a cerca, a alegria o abandonou e a melancolia tomou conta do seu espírito. Quase trinta metros de extensão por um metro e vinte de altura. A vida lhe parecia vazia, e a existência não passava de uma amolação. Suspirando ele molhou um pincel e passou-a ao longo da primeira tábua; repetiu a operação; fez isso mais uma vez; comparou a insignificante lista caiada com o restante da cerca não caiada que se estendia interminavelmente e sentou-se desanimado...

Começou a pensar no que tinha planejado para se divertir naquele dia, e a sua tristeza aumentou. Logo os meninos livres passariam por ali prontos para todo tipo de incursões deliciosas, e iam caçar dele por ter de trabalhar – só de pensar nisso ele se sentia pegando fogo...

Nesse momento sombrio e desanimador ele teve uma inspiração! Nada menos do que uma grande e magnífica inspiração.

Ele agarrou o pincel e continuou tranqüilamente a trabalhar. E então apareceu Ben Rogers – exatamente o menino, de todos os meninos, cujo ridículo ele mais temera...

Tom continuou caiando – não dando a menor atenção a (Ben) ... Ben olhou fixamente por um instante e então disse:

"Ei! Você está metido numa enrascada, hein?

Nenhuma resposta. Tom examinou a última passada de cal com um olhar de artista, então deu mais um toque delicado com o pincel e examinou o resultado, como fizera antes. Ben ficou lado a lado com ele. A boca de Tom se encheu de água por causa da maçã, mas ele não desgrudou do trabalho. Ben disse:

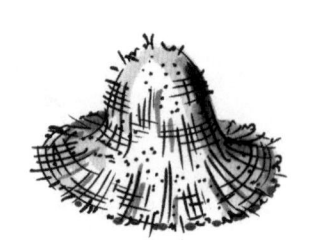

"Então, cara, quer dizer que te pegaram para trabalhar, hein?"

Tom virou de repente e disse:

"Ah, é você, Ben! Eu não tinha percebido."

"Sei – eu vou nadar, ora se vou. Você não gostaria de poder ir? Mas é claro que você tem de trabalhar – não é verdade? Claro que você tem!"

Tom contemplou o menino por um instante e disse:

"O que você chama de trabalho?"

"Por que, não é um trabalho?"

Tom recomeçou a caiação e respondeu despreocupadamente:

"Por que, talvez seja e talvez não seja. Tudo o que sei é que é do gosto de Tom Sawyer."

"Ora, não me venha com essa, você não quer dizer que gosta disso?"

O pincel continuava a se mover.

"Se gosto disso? Não vejo por que eu não deveria gostar. Não é todo dia que um garoto tem a chance de caiar uma cerca."

Isso colocou a situação sob uma nova luz. Ben parou de mordiscar sua maçã. Tom passou o pincel cuidadosamente para trás e para a frente – recuou para observar o efeito – acrescentou um toque aqui e ali – examinou o efeito mais uma vez – Ben não perdia um movimento e ia ficando cada vez mais interessado, mais e mais atraído. Até que disse:

"Ei, Tom, me deixa caiar um pouco."

Ben Rogers, depois de ter feito um pedido explícito, finalmente COMPROU a oportunidade de caiar, pela qual pagou caro – com a maçã. E enquanto Ben trabalhava e suava debaixo do sol, Tom foi para a sombra e comeu a sua recém-adquirida maçã.

Quando Ben se cansou, Tom já tinha cedido a oportunidade de caiar a cerca para o próximo menino em troca de uma pipa e do seguinte aceitara *um rato morto e um barbante para poder girá-lo no ar.* No meio da tarde, Tom tinha juntado ...

... doze bolinhas de gude, parte de um berimbau de boca, um pedaço de vidro de garrafa azul para olhar através dele, um carretel, uma chave que não fechava coisa nenhuma, um pedaço de giz, a tampa de vidro de uma licoreira, um par de girinos, seis bombinhas, um gato de um olho só, uma aldrava de latão, uma coleira – sem cachorro, o cabo de uma faca, quatro pedaços de casca de laranja e o batente arruinado de uma vidraça velha.

Ele passara boas e maravilhosas horas de ociosidade – cheio de companhia – e a cerca acabou por receber três camadas de caiação! Se não tivesse acabado a cal, ele teria falido todos os meninos da cidade.

DE **TOM SAWYER**, DE MARK TWAIN, HUMORISTA AMERICANO (1835–1910)

Infelizmente, os leitores são levados a acreditar pelo próprio autor que Tom tinha todas as qualidades de um artista inescrupuloso e trapaceiro e que tinha enganado, se não lesado, os seus amigos. Mas essa é uma visão equivocada e comete uma grande injustiça com Tom.

Vamos rever o que foi realizado: Tom conseguiu que o trabalho fosse feito 15 vezes melhor do que Tia Polly tinha imaginado. (Tia Polly confessou a si mesma que teria ficado satisfeita com uma só camada em 20% da cerca.) Tom conseguiu um lucro formidável. E ele fez tudo isso *sem levantar um dedo*. Isso sim é uma liderança inspirada!

O dom inato para a liderança de Tom fez uso do *Modo Preguiçoso de Liderar sem Esforço*.

TOM, ME EXPLIQUE DE NOVO QUAL É O FASCÍNIO QUE RESIDE EM GIRAR UM RATO MORTO PRESO A UM BARBANTE.

O modo preguiçoso de liderar sem esforço

Transforme o trabalho em brincadeira e a tarefa que tiver em mãos vai ficar irresistível para quem estiver por perto.

Mas os amigos dele não saíram prejudicados com o negócio?

Já consigo até ouvir o que estão dizendo. Esperem um pouco, o que é que vocês todos estão dizendo sobre os amigos dele? Eles não saíram prejudicados na transação?

Nem um pouco, sou obrigado a insistir, nem um pouco. Todos saíram ganhando imensamente. Imagine por um instante o significado de ter sido um dos pintores da cerca daquele dia. Imagine a camaradagem que se estabeleceu entre eles em relação à *diversão* e à *estética* da caiação. Todos declarariam a experiência absolutamente estimulante, algo de que não se esqueceriam tão cedo.

Vamos nos aproximar mais da nossa realidade. Pense por um instante numa ocasião em que fez parte de um grupo que se reuniu para realizar uma tarefa tediosa, mas o ânimo coletivo estava alto, com todos se atirando à tarefa para ver o trabalho realizado. Lembre-se de como foi divertido e o sentimento mágico que envolveu a todos.

Pense novamente numa ocasião na sala de aula quando o professor transformou uma lição trabalhosa num jogo. Você pode até ter se esquecido de todo o resto que aprendeu na escola, mas nunca vai se esquecer do que aprendeu naquele dia.

Portanto, não vamos fazer um julgamento precipitado de Tom sob a luz distorcida da ética calvinista do trabalho. E isso é endereçado a você também, Sr. Twain, onde quer que esteja. Tom não enganou ninguém. Muito pelo contrário, ele garantiu aos amigos uns momentos magníficos. E, embora Tom nunca tenha trabalhado de verdade nem um pouquinho, tampouco seus amigos o fizeram.

Liderança inspirada ao máximo!

Se ele (Tom) tivesse sido um grande e sábio filósofo, como o escritor deste livro, ele teria então compreendido que o Trabalho consiste em qualquer coisa que o corpo é obrigado a fazer, e a Brincadeira consiste em qualquer coisa que o corpo não é obrigado a fazer. E isso o ajudaria a entender por que fazer flores artificiais ou trabalhar num moinho é trabalho, enquanto derrubar pinos ou escalar o Mont Blanc é só prazer. Há senhores muito ricos na Inglaterra que dirigem charretes de quatro cavalos por quarenta ou cinqüenta quilômetros diariamente, numa enfiada só, no verão, porque esse privilégio lhes custa uma soma considerável; mas se lhes oferecessem pagamento pelo serviço, isso se tornaria um trabalho e então eles desistiriam.

MARK TWAIN

Motivação

Liderar significa motivar seus seguidores. Mas o que motiva mais?

Há, essencialmente, dois tipos de forças motivadoras – uma externa e outra interna.

Um exemplo de força motivadora externa é quando um motivador vigoroso dá um chute no traseiro da pessoa que está sendo motivada (em outras palavras, um chute repentino). Literal e/ou figurativamente.

Para a maioria, isso funciona. Gera uma influência motivadora imediata.

Mas a força motivadora externa tem suas limitações. Em primeiro lugar, toda vez que quer motivar uma pessoa, você tem de chutá-la (literal e/ou figurativamente) novamente. Em segundo, essa atividade pode cansar a sua perna, gastar o seu sapato ou, até pior, machucar os dedos do seu pé. E finalmente, embora menos importante, o proprietário das nádegas-alvo tende a xingar diante do impacto, perturbando dessa forma a tranqüilidade do ambiente do local de trabalho.

O chute repentino é um exemplo *negativo* de força motivadora imposta externamente. Há exemplos positivos experimentados também por líderes para conseguir que seus seguidores façam o que eles querem – coisas como reduzir horas de trabalho, aumentar salários, dar bônus, etc. Mas esse tipo de coisa perde a força muito rapidamente e logo deixa de manter os seguidores motivados.

Há somente um modo efetivo para motivar as pessoas e mantê-las motivadas – dar-lhes a oportunidade de *motivarem a si mesmas*. Este é o princípio que sustenta a força motivacional interna. O que é interno, afinal, é mais sutil do que o externo. (Lembre-se, o mais sutil é mais poderoso e, em consequência, realiza mais com menos esforço.)

Mas os motivadores *internos* também vêm em dois "sabores" – negativo e positivo. Existem líderes que usam motivadores internos negativos por meio de intimidação, provocando uma sensação de medo em seus seguidores. Algumas religiões (e mães) conseguem o comportamento desejado provocando o sentimento de culpa.

Entretanto, os motivadores internos mais efetivos são positivos. Eles aplicam os elementos da diversão, do amor e do não-trabalho.

Para conseguir isso, dê às pessoas liberdade, desafios e responsabilidade. Dê a elas um veículo no qual possam se expressar, onde possam se sentir apaixonadas por sua atividade e em que possam aproveitar um maior crescimento pessoal. Então você se verá diante não apenas do desempenho e produtividade crescentes, mas também de uma grande satisfação humana.

As pessoas querem se sentir envolvidas. Querem sentir que são necessárias. Querem agir sobre os próprios destinos. Querem ter responsabilidade e valor.

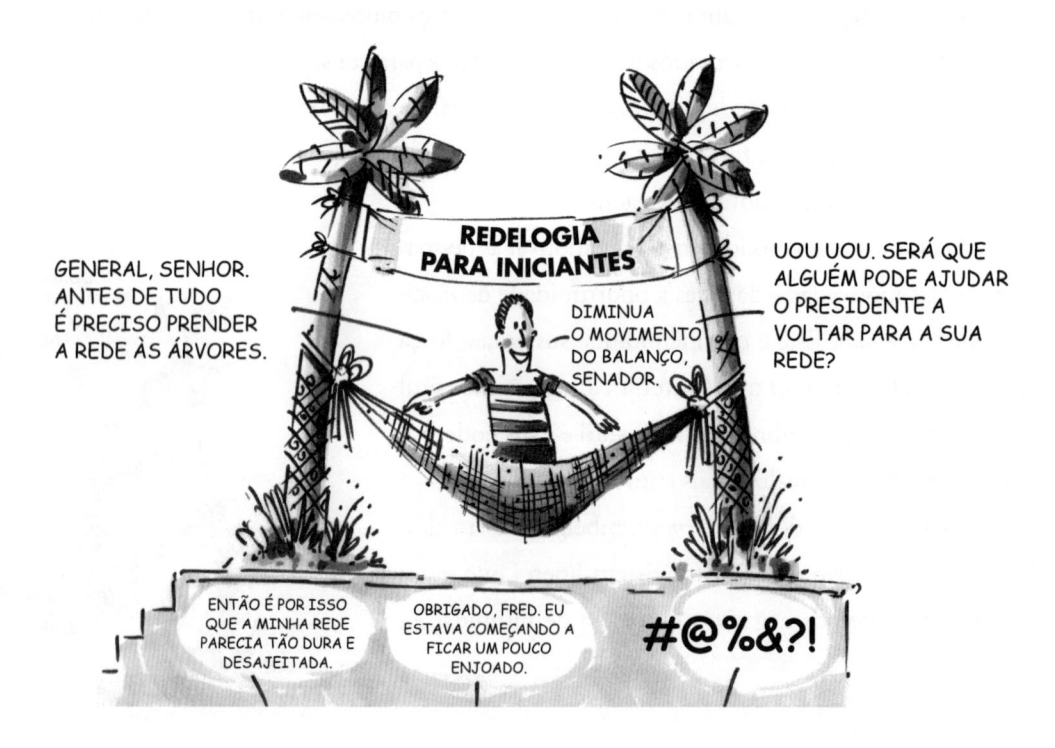

Portanto, líderes, o seu trabalho é realmente simples. Vocês simplesmente têm de *liberar* o seu pessoal. Desde que as pessoas tragam suas próprias motivações, você tem apenas que libertar seus talentos criando um ambiente cheio de diversão, em que a criatividade e a produtividade floresçam. Cada seguidor será então internamente motivado, aliviando então você, o líder, de uma outra tarefa – aquela de precisar motivar outra pessoa qualquer em qualquer outro momento. Verdadeiramente, o modo preguiçoso.

O ambiente ideal

Existe uma tendência para a organização excessiva, a rigidez na produção, o que é intolerável numa era de mudanças aceleradas.

IN SEARCH OF EXCELLENCE, DE TOM PETERS E ROBERT WATERMAN

O ambiente ideal de trabalho não fica atolado em regras restritivas, atitudes negativas e ordens implicantes. Chutes repentinos, literal ou figurativamente, não existem aí. Nem ameaças de fazer isso.

O ambiente ideal de trabalho é divertido, caracterizado por tranqüilidade, liberdade, responsabilidade individual, apoio mútuo e reconhecimento. Numa atmosfera assim, os talentos individuais alçam vôo.

Evidentemente, a atividade precisa ter um sentido e oferecer um desafio. É claro que a responsabilidade precisa ser dividida para que as pessoas possam lidar consigo mesmas. Lembre-se do Capítulo 5, é a *paixão* da pessoa pelo projeto que, em última análise, produz os resultados, não alguma figura autoritária berrando ordens. Nesse tipo de atmosfera animadora uma organização dirige a si mesma. (Será que eu preciso acrescentar as palavras *sem nenhum esforço da sua parte?*)

Crie uma visão e anime loucamente o pessoal

Os bons líderes não trabalham. Não exercem uma autoridade aterrorizante. Os bons líderes criam uma visão inspirada e a vendem com um espírito que faz as Dez Maiores líderes de torcida de futebol americano parecerem casos geriátricos.

Quando as pessoas assumem responsabilidades, elas ficam com orgulho dos seus empregos. Como líder, você precisa alimentar esse orgulho. Comemore as realizações, crie heróis e os anime

CAPÍTULO 10 • O MODO PREGUIÇOSO DE LIDERAR SEM ESFORÇO

alegremente com tudo o que conseguiram.

O projeto verdadeiro deve ser a coisa menos importante no relacionamento entre os líderes e seus seguidores. A coisa mais importante é quanta diversão vocês podem conseguir juntos.

Crítica

Você pega mais moscas com mel do que com vinagre.

HOW TO WIN FRIENDS AND INFLUENCE PEOPLE, DE DALE CARNEGIE (1888–1955)

*MAYNARD G. KREBS, DE THE MANY LOVES OF DOBIE GILLIS

Vamos encarar isso: quando está relaxado e se sente bem consigo mesmo, você naturalmente pensa e desempenha com criatividade e liberdade. Quando está nervoso, com medo de ser criticado ou censurado, seu coração fica apertado e sua criatividade e produtividade seguem o mesmo caminho.

Tenha em mente esse efeito negativo quando quiser que alguém faça o que você quer que seja feito. A crítica reduz o rendimento. A crítica destrói uma equipe. A crítica mata o sucesso.

Adivinhe o que funciona como um encantamento? O oposto da crítica – o elogio. Se você pedir a alguém para cavar uma vala de três metros de profundidade e ele cavar apenas uma de cinqüenta centímetros, você deve elogiá-lo pelos cinqüenta centímetros. Ponto final.

Se quiser que a sua liderança seja efetiva assim como destituída de esforço, cubra de elogios os membros da sua equipe. Não há limites em relação à prodigalidade do seu apreço, desde que ele seja sincero. Elogios falsos nunca funcionam.

Agora, há ocasiões, raras ocasiões, tão raras que mal consigo pensar num exemplo, quando a crítica é necessária. Se você se achar numa situação dessas, a sua crítica deve sempre ser precedida de uma afirmação positiva.

O melhor líder faz a pessoa se sentir bem consigo mesma. A alta produtividade e a interação social harmoniosa começam com um forte sentido do eu e uma auto-estima positiva. Se criticarmos ou censurarmos ou ameaçarmos alguém de uma forma que a diminua ou se formos insensíveis à dignidade de alguém, nós prejudicaremos o ego da pessoa ou seu sentido do eu e nunca teremos o prazer da realização do potencial glorioso que essa pessoa tem. Quando as pessoas estão nervosas ou com medo, elas não pensam com clareza nem com inteligência.

O melhor traço de liderança

Que tipo de pessoa constitui o melhor líder? O extrovertido ou o tímido? O dominador ou o gentil? O rude ou o diplomático? A resposta é que não existe um traço de

SEMPRE QUE SINTO UM ÍMPETO DE TRABALHAR, EU ME DEITO ATÉ QUE ELE PASSE.*

*W.C. Fields

CAPÍTULO 10 • O MODO PREGUIÇOSO DE LIDERAR SEM ESFORÇO

> TRABALHAR DURO NUNCA MATOU NINGUÉM, MAS PARA QUE ARRISCAR?*
>
> *Charlie McCarthy

personalidade melhor para a liderança. O treinador Vince Lombardi berrava; Mahatma Gandhi sussurrava.

O líder que consegue o apoio mais entusiasta é aquele que está genuinamente preocupado com o bem-estar do seu pessoal.

Em 1927, os psicólogos Elton Mayo, Fritz Roethlisberger e William Dickson fizeram uma pesquisa na Western Electric Company Hawthorne Works em Chicago. Eles estavam tentando determinar sob que nível de iluminação as pessoas eram mais produtivas. De um modo muito inesperado eles descobriram que sempre que um grupo de trabalhadores era pesquisado, esse grupo consistentemente produzia mais do que os outros trabalhadores da mesma unidade, independentemente de quanta luz houvesse ou não, desde que não houvesse uma escuridão total. Os funcionários responderam espontaneamente com aumento de produtividade porque o experimento em si implicava o fato de que os pesquisadores estavam preocupados com o bem-estar deles.

Portanto, a fórmula é: A produtividade dos seus seguidores é diretamente proporcional ao volume de preocupação que você demonstra e o cuidado que dispensa.

O melhor vendedor do mundo sabe que o único segredo que envolve as vendas é estar sinceramente preocupado com o cliente.

O segredo de ser um grande chefe é o mesmo – dê aos empregados a sensação de que você está lá, presente para eles, e não o contrário.

Resumo

Se você quiser liderar sem esforço, eis aqui algumas regras simples, porém imbatíveis:

- Elogie, nunca critique. Recompense, nunca castigue.
- Torne a tarefa significativa mostrando a idéia que existe por trás dela. A idéia por trás da tarefa é mais importante do que o próprio trabalho.
- Faça as pessoas se sentirem necessárias e importantes.
- Preocupe-se com o bem-estar das pessoas.
- Faça as pessoas sentirem orgulho.
- Divirta-se.

O espírito da equipe de uma empresa é infinitamente mais importante para o sucesso da companhia do que a forma da sua organização (isto é, política da empresa e hierarquia administrativa). Nunca, jamais, deixe a forma triunfar sobre o espírito. Lembre-se, no final tudo recai no seu entusiasmo. Quanto mais entusiasta (apaixonado) você for, mais irresistível será o seu projeto.

REDELOGIA
CERIMÔNIA DE FORMATURA

PARA CITAR O FAMOSO ECONOMISTA, GEORGE GILDER: "A RIQUEZA VEM NÃO PARA OS DEFENSORES DO TRABALHO ESCRAVO, MAS PARA OS LIBERTADORES DA CRIATIVIDADE HUMANA, NÃO PARA OS CONQUISTADORES DE TERRAS, MAS PARA OS EMANCIPADORES DA MENTE."

MAS, FRED, VOCÊ JÁ SE FORMOU EM REDELOGIA. NÃO HÁ NADA MAIS QUE EU POSSA FAZER POR VOCÊ.

CAPÍTULO 11

O modo preguiçoso de ter sorte

Acho que a Fortuna vigia as nossas vidas, certamente mais do que nós.
Mas bem se diz que aquele que luta vai encontrar deuses que igualmente lutam por ele.

EURÍPIDES, FILÓSOFO GREGO (484–406 A.C.)

EU SÓ ACHEI QUE VOCÊ GOSTARIA DE JOGAR GOLFE CONOSCO.

A essa altura já percebemos que aliar-se à Mãe Natureza é o modo mais fácil para ser espetacularmente bem-sucedido.

Aprendemos a achar soluções nos níveis mais sutis e poderosos da Natureza.

E aprendemos como alcançar o sucesso *livres de trabalho* ao *ir atrás da nossa alegria* como a Natureza gostaria que nós fizéssemos. A Mãe Natureza, a corporificação do faça-menos-e-realize-mais, quer que sejamos bem-sucedidos sendo nós mesmos. Não fomos feitos para ter de trabalhar para ganhar a vida. Muito pelo contrário, fomos feitos para alcançar o sucesso com tranqüilidade.

Percebi que a natureza não exige que o hidrogênio "ganhe a vida", antes deixa o hidrogênio comportar-se da única forma que ele faz. A Natureza não exige que nenhum de seus membros intercomplementares "ganhe a vida".

CRITICAL PATH, DE R. BUCKMINSTER FULLER

Dona sorte

Agora está na hora de examinarmos as vantagens de nos aliar com a Natureza a partir de uma nova perspectiva. Vejamos como podemos nos aliar à Mãe Natureza de tal modo que possamos conquistar seu apoio invencível. E manter isso conosco para sempre. Tudo para o bem de tornar a vida mais fácil para nós, é claro.

Assim, bem-vindos aos misteriosos domínios ... não, bem-vindos à ciência (sim, ciência) da sorte.

A ciência da sorte

Antes de tudo, vamos esclarecer certas regras.

Não vou tratar do tipo de sorte voltado para ganhar na loteria ou em Las Vegas. Isso é lidar com as leis das estatísticas e significa estritamente ganhar-ou-perder, na maioria das vezes perder. Se você estiver procurando a sorte com o propósito de jogar, você não vai encontrar isso aqui.

A sorte a que me refiro é muito mais profunda, real e digna de confiança. Estou falando de conseguir o apoio completo da própria Natureza – em seu empenho para ser bem-sucedido – apenas sendo você mesmo. E vou lhe dizer o método sem erro para conseguir esse apoio.

A ciência da boa sorte ou, se preferir, a ciência do apoio da Natureza é fácil de aprender e, como todas as lições que estão aqui neste livro, fácil de realizar.

Apenas para constar, *trabalho duro* é um anátema para a ciência da boa sorte. O trabalho duro estraga as suas chances para a boa sorte por dois motivos:

1. O trabalho duro é tão estranho à personalidade e inclinações da Mãe Natureza que ela não saberia como dar apoio ao trabalho duro, mesmo se ela quisesse.

2. Se, por acaso, a boa sorte estivesse disponível nas vizinhanças do trabalho pesado, o literal e/ou figurativo suor que estivesse brotando da sua testa febril nublaria tanto a sua visão que você não reconheceria a boa sorte, mesmo que ela lhe fosse apresentada numa bandeja de ouro rodeada de botões de jasmim.

LEMBRE-SE, GÊNIO, JOGAR GOLFE É "UMA FORMA DE DEVOÇÃO, SAGRADA EM SI MESMA. MAS, MAIS DO QUE ISSO, ABSOLUTAMENTE NECESSÁRIA NO ESQUEMA CÓSMICO".*/

SIM, STANLEY. EU JOGO "COMO SE AS ENGRENAGENS DO PRÓPRIO UNIVERSO DEPENDESSEM"* DA MINHA JOGADA.

*DE **THE LEGEND OF BAGGER VANCE,** STEVEN PRESSFIELD

CAPÍTULO 11 • O MODO PREGUIÇOSO DE TER SORTE

A chance, entretanto, não é o reino da anarquia e do acaso, mas a área da liberdade e a condição da criatividade. Ela toca a ordem subjacente e transcendente do universo. Nós a chamamos de chance porque está além da compreensão da ordem natural das coisas, fazendo parte do "misterioso reino" que Einstein chamava "o berço da verdadeira arte e da verdadeira ciência". O domínio da chance é o nosso acesso para o futuro e a providência.

MICROCOSM: THE QUANTUM REVOLUTION IN ECONOMICS AND TECHNOLOGY

GEORGE GILDER, ECONOMISTA AMERICANO (1939–)

O segredo

O segredo para a boa sorte é simples. O que traz a sorte é o comprometimento. Isso é certo, o compromisso estimula o *apoio da Natureza.*

Compromisso! Que palavra assustadora! Cheira a trabalho duro, não é mesmo? Ahhh, mas não tem nada a ver. O compromisso flui sem esforço quando se vai atrás da alegria.

É assim que funciona. Você começa trabalhando superficialmente com alguma coisa – fica intrigado, curioso, aproveitando o processo. Não interessa o que seja – aprender a tocar saxofone ou a bater na bola de tênis ou começar um novo negócio. Num determinado trecho do caminho a chave para determinar se você está no trilho certo é – você está se divertindo! Só o fato de estar se divertindo ao fazer alguma coisa traz um crescimento natural e a sofisticação. Conforme crescem o conhecimento e a sofisticação, aumenta a diversão. Mais diversão leva a mais conhecimento, habilidade e sofisticação. É exatamente o oposto ao círculo vicioso. É o círculo delicioso.

Então uma coisa fascinante acontece. Você atinge um ponto em que tem uma *visão* de opções. É como se lhe fosse permitido examinar o longo corredor daquilo que o levará a ser realmente bem-sucedido, a chegar até mesmo a ser grande.

Mas você também *vê* que para percorrer esse corredor é preciso um salto substancial. Isso significa que chegou a hora de assumir um compromisso.

O compromisso pode ser um chamado para um foco maior ou a necessidade de um investimento maior de tempo ou dinheiro, ou ambos. O interessante é que isso é alguma coisa que você tem pouco à disposição ou alguma coisa que não quer despender à toa. Basicamente, você está sendo convocado a aumentar a aposta.

É desconcertante, para dizer o mínimo, ficar à beira desse abismo e perceber que vai ter de pular sobre ele e chegar do outro lado para continuar a crescer no seu empenho. Você vê o risco – perder dinheiro, falhar, desperdiçar tempo, envergonhar-se –, mas também vê a felicidade, o salto quântico na realização.

Deixe-me dizer-lhe uma coisa. Admito que essa visão pode ser assustadora – mas, ora, é estimulante. Quando ela surge, você sabe que acabou de atingir um Ponto Sem Volta. Sabe, bem no fundo, que uma vez assumido o compromisso exigido não vai ser fácil voltar atrás – não sem incorrer numa perda significativa.

Muitas pessoas batem em retirada. Ou abandonam tudo ou permanecem no limbo – no diletantismo, na superficialidade, não chegando a lugar nenhum. O trágico é que a visão desse corredor se desfaz em suas memórias. Então eles assumem o *compromisso* da boca para fora mas nunca vão adiante. Dizem coisas como: "Eu teria chegado a ser grande, se pelo menos..." Essas

> CHEGOU NA HORA, BUCKY. ESTÁVAMOS PROCURANDO POR UM QUARTO JOGADOR.

pessoas se condenaram ao purgatório de trabalhar duro o resto da vida, a um inferno que poderiam ter facilmente evitado.

Mas tenha em mente que esse compromisso é apenas o preço que a Natureza cobra pela admissão. Ela está eliminando os pretensiosos e podando os impostores.

Se houver amor ali, se estiver indo atrás da sua felicidade, dê o SALTO. Quando chegar do outro lado, vai experimentar uma coisa maravilhosa!

Estou falando de milagres! Dentro de dias, até mesmo horas, a Natureza vai interferir e imediatamente irá dotá-lo com a sorte mais espetacular. Tudo vai começar a vir até você. As coisas em geral vão se desenrolar do modo mais afortunado.

Talvez eu esteja exagerando esse salto mais do que o necessário, porque, se você já estiver indo atrás da sua felicidade, quando o primeiro compromisso for exigido, vai bastar um impulso para você saltar. A escolha vai ser irresistível. Você não vai conseguir se segurar.

BUCKY, FIQUEI FELIZ AO SABER QUE O ANTIGO E REAL CLUBE DE GOLFE ST. ANDREWS FINALMENTE APROVOU A SUA BOLA GEODÉSICA.

Enquanto alguém não se compromete existe a hesitação, a oportunidade de voltar atrás, a falta de efetividade. Com relação a todos os atos da iniciativa (e criação), há uma verdade elementar cuja ignorância mata incontáveis idéias e planos: no momento em que alguém se compromete definitivamente, a Providência também se movimenta. Toda sorte de coisas acontece para ajudar alguém, o que, de outro modo, jamais teria ocorrido. Uma seqüência inteira de eventos resulta da decisão, surgindo a seu favor toda sorte de incidentes não previstos, encontros e apoio material que nenhum homem jamais teria sonhado que pudessem acontecer desse jeito.

JOHAN WOLFGANG VON GOETHE, POETA ALEMÃO (1749–1832)

Com tempo e experiência

Logo você vai esperar que a boa sorte apareça naturalmente a cada um dos seus esforços. Chegará a um ponto em que vai achar a sua boa sorte absolutamente digna de confiança. Ela ainda vai surpreendê-lo (e sempre mexer com você), mas o apoio da Natureza vai se tornar um traço característico do seu cotidiano.

Durante os últimos 56 anos não tenho sido capaz de montar um orçamento. Eu simplesmente tenho fé e exatamente quando eu preciso da coisa certa para o raciocínio certo, lá está ela – ou lá estão eles – os workshops, mãos amigas, materiais, idéias, dinheiro, ferramentas.

Se eu estiver fazendo o que Deus quer que seja feito ... então eu não preciso me preocupar por não ter sido contratado para fazer isso por algum Terráqueo e não tenho de me preocupar em como iremos conseguir o dinheiro, as ferramentas e os serviços necessários...

INVENTIONS: THE PATENTED WORKS OF R. BUCKMINSTER FULLER

Correções de curso

Uma coisa é certa – comprometimento traz boa sorte. Mas, se por acaso a sua sorte parecer frágil ou o apoio da Natureza não ser tão abundante quanto deveria ser, tome isso como um sinal da Natureza para corrigir o seu curso. O seu objetivo pode ser falho ou talvez você tenha se voltado na direção errada. A sua falta de sorte vai fazê-lo saber que precisa corrigir a sua estratégia.

Presumi que a natureza iria "avaliar" o meu trabalho à medida que eu o fizesse. Se estivesse fazendo o que a natureza queria que fosse feito, e se estivesse fazendo isso de modo promissor, de acordo com os princípios da natureza, eu teria o meu trabalho economicamente sustentado – e vice-versa, no caso de se mostrar negativo mais tarde, eu teria de parar rapidamente de fazer o que estivesse fazendo e procuraria logica-

mente cursos alternativos até descobrir o novo curso para o qual a natureza mostraria a sua aprovação fornecendo um apoio material.

CRITICAL PATH, DE R. BUCKMINSTER FULLER

Qual é a pegadinha?

Há uma pegadinha. Vamos chamá-la de esclarecimento.

Se você quiser a insuperável assistência da Natureza, o que qualquer pessoa sensível iria querer, o que você faz deve estar de acordo com os desejos da Natureza. Em outras palavras, você deve fazer o que a Natureza quer. Seguir a sua felicidade é, como já vimos, um modo maravilhoso de avaliar o que a Natureza quer que você faça. Outro modo é saber que o seu comportamento é ético.

O meu conselho é: ser simples e espontâneo favorece o que é bom, útil e favorável à vida. Se as suas intenções estiverem em harmonia com a Natureza, então a Natureza não tem outra escolha senão se apressar para ajudar você a realizar o que *ela* deseja ver realizado.

E o que a Natureza quer? Ela quer que você (e todas as outras pessoas) seja feliz e realizado. Ela quer que a felicidade, a harmonia e o amor se expandam. E, naturalmente, a Natureza não quer que você faça coisas que acabem deixando as pessoas doentes, infelizes, etc.

Há uma palavra em sânscrito, *sattva*, que significa pureza, simplicidade, a essência da criatividade. E há um sábio ditado sânscrito que diz: *os meios se acumulam em torno de sattva*, isto é, os *meios* (recursos, pessoal, habilidades, boa sorte) para chegar ao sucesso são atraídos por aquilo que é puro, simples e criativo. Em outras palavras, tudo o que é necessário para fazer o trabalho é atraído pelas pessoas e pelos projetos sátvicos.

Os bons sujeitos ficam em último

A citação mais famosa do grande jogador de beisebol Leo Durocher é "os bons sujeitos ficam em último". Não acredite nisso nem por um segundo. Leo disse isso em 1947 referindo-se ao rematado bom sujeito Mel Ott, o dirigente do New York Giants. O time dos Giants acabou em último lugar em 1947, mas esse também foi o ano em que o discutível Sr. Durocher foi suspenso do beisebol por se associar com quadrilhas e apostadores.

O bom sujeito ficou em último lugar em 1947, mas pelo menos ele jogou em 1947, o que é muito mais do que se pode dizer sobre Leo Durocher em 1947.

ARGH! SE EU TIVESSE BOTADO ESTE OVO, CERTAMENTE ME LEMBRARIA DELE.

HUMMM, PARECE MAIS UMA TACADA DO BUCKY.

Um biólogo santo

Dizer que o Dr. Roman Vishniac filmou a natureza é insuficiente para descrever o que ele fez. O Dr. Vishniac combinava suas paixões – ciência, arte e fotografia – para revelar o mundo microscópico da natureza que está além da nossa imaginação.

Em uma gloriosa excursão debaixo d'água, observamos horripilantes monstros que habitam o oceano e intermináveis serpentes do mar. Na verdade, estamos simplesmente vendo bem de perto o cotidiano da vida existente entre grãos de areia úmida à beira d'água. Entretanto, na tela do cinema, cada grão parece um grande bloco.

Um outro filme miraculoso mostra o sangue fluindo pelo coração de um embrião. O Dr. Vishniac era capaz de filmar até mesmo isso *sem destruir a vida*.

As pessoas sempre lhe diziam que o que ele queria fazer era impossível.

"Não é impossível", ele demonstrava, "já que eu acabei de fazê-lo." "Mas é impossível de fazer", eles insistiam, "então esqueça isso." Felizmente, ele não esquecia.

O sucesso do Dr. Vishniac veio da abordagem mais santificada. Ele sempre devolvia à Natureza o que ele *emprestava* para o filme. Ele planejava o processo da filmagem de modo a não interromper ou destruir o que ele queria filmar.

Ele dizia que essa filosofia era a chave das suas realizações *impossíveis*. *"Quando você trata a Natureza com respeito, ela lhe mostra os seus segredos"*, dizia ele.

Conclusão – Boa sorte

O segredo do sucesso está em cultivar a boa sorte. O segredo da boa sorte é assumir compromissos. O segredo de assumir compromissos está em adorar o que estiver fazendo. À medida que viajar pelos reinos crescentemente refinados na sua trajetória para se tornar bem-sucedido, você se verá diante de exigências para *aumentar a aposta* para o próximo nível de comprometimento. Entretanto, depois do seu primeiro grande salto, cada salto se tornará sucessivamente mais fácil. Você viu que com o comprometimento vem a boa sorte e com a boa sorte vem mais felicidade e com mais felicidade vem mais comprometimento e assim por diante. O ciclo inteiro continua até que você tenha o apoio total da Natureza. Então você entenderá no seu íntimo como Deus ajuda aqueles que ajudam a si mesmos.

CAPÍTULO 11 • O MODO PREGUIÇOSO DE TER SORTE

— COMO VOCÊ VAI CONSEGUIR ACERTAR ESSA TACADA, BUCKY?

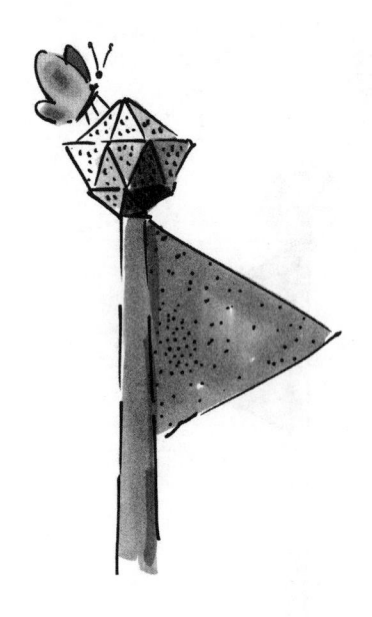

CAPÍTULO 11 • O MODO PREGUIÇOSO DE TER SORTE

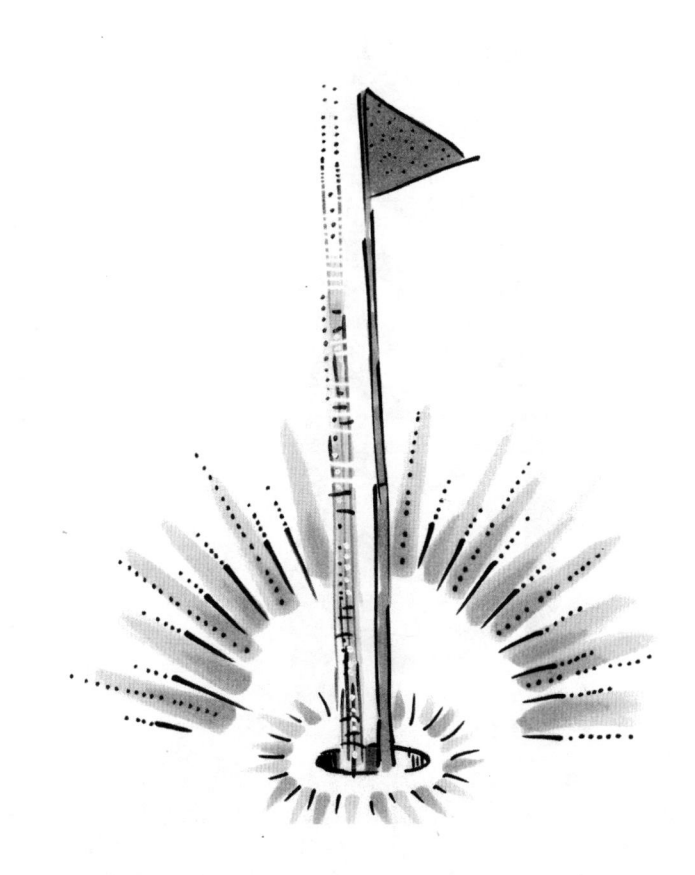

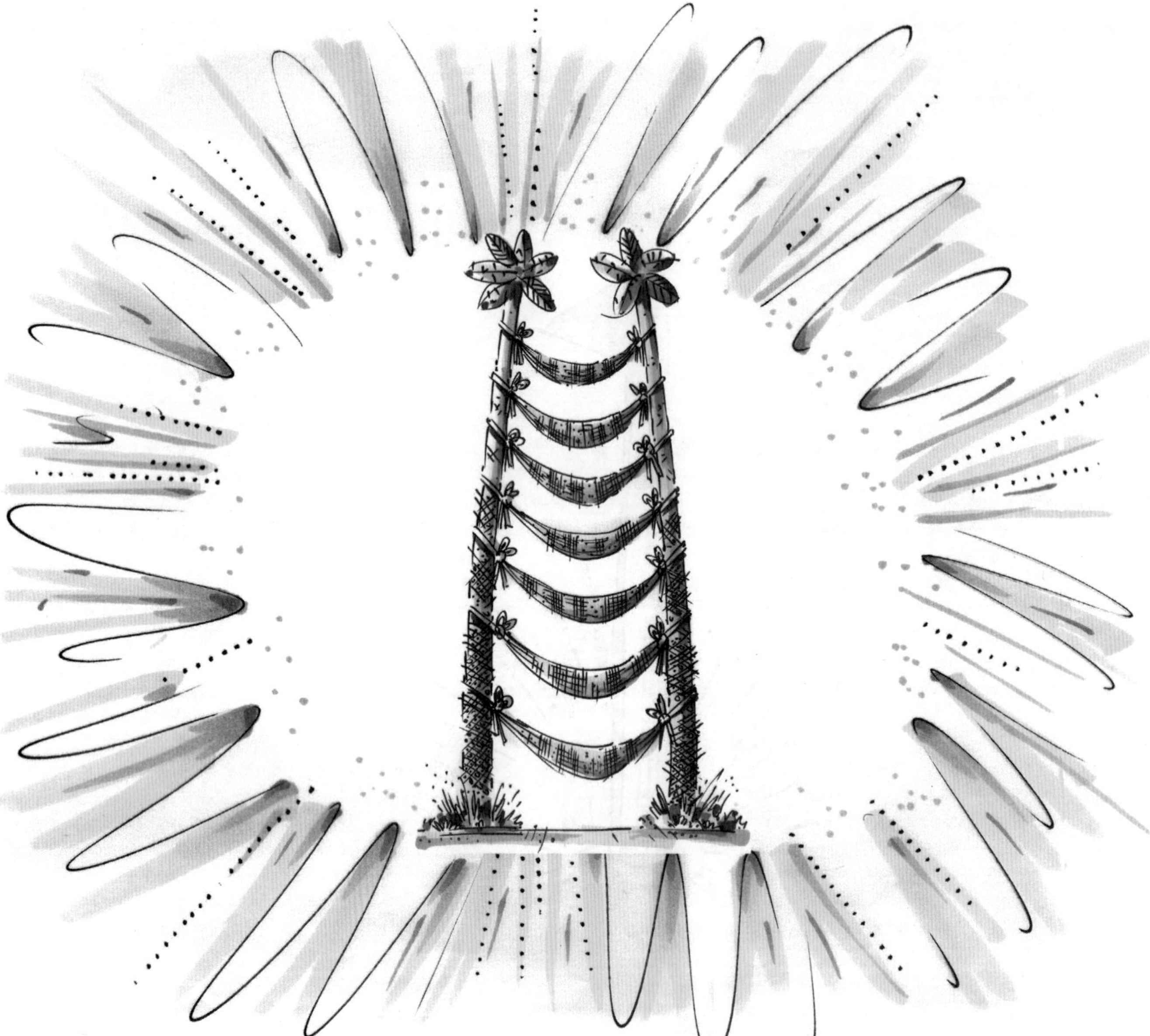

CAPÍTULO 12

O segredo preguiçoso das idéias geniais

CAPÍTULO 12 • O SEGREDO PREGUIÇOSO DAS IDÉIAS GENIAIS

GOSTEI DO SEU TERNO DE MACACO, STANLEY. É ITALIANO?

A Itália deu contribuições gloriosas ao mundo nos campos da música, da arte, da arquitetura, da culinária e da moda, mas nada tão profundo quanto o seu ditado *"dolce far niente"*. Traduzido, significa *como é doce não fazer nada*.

É preciso acrescentar, não apenas como é doce, mas também como é *espetacularmente poderoso*.

Veja, algumas pilhas de *não fazer nada* bem posicionadas podem produzir milagres.

Até agora nós nos concentramos em como o sucesso é inversamente proporcional ao trabalho, que *fazer menos* é realizar mais. Pela lógica, se *fizermos nada* adequadamente, podemos realizar tudo.

O lampejo de gênio

Evidentemente, você já teve essa experiência: você está diante do fantasma de um problema real. Você está esgotando seus recursos para encontrar uma solução. E nada funciona. Nada!

Você está frustrado e cansado. Farto, e finalmente *você desiste*.

Então, algum tempo depois, inesperadamente, quando você menos espera, *BOING!* A cabeça estala pedindo atenção, os olhos ficam arregalados e o seu cérebro se enche com uma idéia repentina de que, ora essa, você acaba de ser tocado por aquilo que pode ser a resposta para o seu problema.

O meu segredo

É nessa experiência que reside a mecânica da iluminação, os fundamentos por trás dos lampejos intuitivos. A fórmula é chocantemente simples. A receita é *descansar*. É isso – descansar. *Não fazer nada*.

Parece muito bom para ser verdade? Não, é tão bom que tem de ser verdade. Vamos examinar isso mais de perto

A fase ativa

Durante a fase ativa de um projeto, se formos espertos, estaremos seguindo as primeiras lições deste livro. Estamos apaixonados por nossa atividade e, em conseqüência, estamos naturalmente concentrados e direcionados.

Conforme prosseguimos, vamos aprendendo, experimentando e desenvolvendo aptidões. Estamos pensando e meditando sobre o conhecimento que adquirimos e aplicando-o ao desafio que está diante de nós. Estamos nos direcionando, apoiados no que sabemos e no apoio que a Natureza nos dá. Se a boa sorte estiver lá, sabemos que estamos no caminho certo; se a sorte não estiver presente, fazemos as correções de curso necessárias. Todos os momentos e todas as experiências produzem novas percepções e trazem um entendimento mais profundo. Esse crescimento contínuo do modo como pensamos e da nossa atividade torna a fase de atividade uma experiência verdadeiramente eufórica.

Por ser tão realizadora e embriagadora, é difícil parar a fase de atividade. Mas não vamos nos esquecer da sabedoria dos nossos amigos italianos.

Dolce far niente. Como é doce não fazer nada.

A fase de descanso

Realizar coisas é viciante. Desse ponto de vista, descansar pode ser facilmente rejeitado como improdutivo, sem importância e uma perda de tempo. Mas esse é o pensamento de um cérebro esgotado. A fase de descanso acaba por ser *mais importante* do que a fase de *atividade*, já que o descanso dá à atividade um volume maior de combustível para ir adiante.

CAPÍTULO 12 • O SEGREDO PREGUIÇOSO DAS IDÉIAS GENIAIS

Deixe-me explicar melhor. Até este ponto da nossa forma de atacar um projeto, estivemos totalmente envolvidos com a fase de atividade. O fato de ficarmos tão ocupados direcionando nosso foco e completamente comprometidos cria uma rotina ou grava um certo padrão estabelecido de pensamento no nosso cérebro. Agora é hora de recuar e deixar nosso cérebro em paz. Em outras palavras, é hora de descansar. Vamos *não fazer nada*.

Não fazer nada dá à química do nosso cérebro a oportunidade de filtrar e eliminar, conseqüentemente *desenvolvendo uma ordem superior* extraída das informações que pusemos ali. Adivinhe! O processo todo de filtragem e eliminação funciona melhor se *não* exercermos controle sobre ele. O nosso trabalho é *liberar*. Deixamos o processo ir adiante por si mesmo, abaixo da superfície.

Acredite ou não, nosso cérebro – que é infinitamente mais esperto, sábio, compreensivo, amoroso, sintonizado e mais desejoso de sucesso do que nem mesmo nós imaginávamos – criará milagres com o que pusermos dentro dele se apenas o deixarmos fazer isso.

Descansar o cérebro relaxa velhos e rígidos padrões de pensamento e dá ao nosso cérebro a oportunidade de fazer novas conexões neurais. De que modo o cérebro consegue gerar uma ordem mais elevada extraída da informação que lhe demos é um milagre assombroso. E deixamos que esse milagre aconteça com o *descanso*.

Não apenas faça alguma coisa; fique lá.
COELHO BRANCO,
ALICE NO PAÍS DAS MARAVILHAS,
DE LEWIS CARROLL
(1832–1898)

> [O problema] germinava subterraneamente até que, de repente, a solução emergiu com uma clareza ofuscante, de modo que só restava escrever o que parecia ser uma revelação.
>
> BERTRAND RUSSELL, FILÓSOFO INGLÊS (1872-1970)

Incubação para o *AH-AH!*

Arquimedes gritou *Heureca!* Outros se satisfazem com o *AH-AH!* Mas todas as explosões de clímax têm uma coisa em comum. Todas brotam do descanso – de um período de *desatenção* ao problema.

Os viciados em trabalho raramente têm idéias criativas. Isso porque eles não conhecem o meu segredo preguiçoso para ter idéias geniais. Em vez disso eles permanecem enterrados profundamente numa rotina compulsiva, presos a detalhes sem importância. Eles não só perdem a perspectiva, mas também negam ao seu cérebro a oportunidade de expressar sua mágica cósmica ao não lhe darem *descanso*.

Não caia nessa armadilha. É sempre uma grande idéia dar um tempo à sua preocupação básica e ir fazer outra coisa. Deixe em banho-maria. Tire folga por um dia, uma hora, 20 minutos, seja o que for. Em outras palavras, esqueça-se de tudo.

Einstein, por exemplo, refrescava a cabeça tocando violino. Knute Rockne gostava de assistir a musicais. Na verdade, a brilhante idéia para a principal estratégia que criou para seu time veio até ele não em campo, mas longe dali, quando estava olhando para a linha de coristas de um espetáculo.

> *Caso você se veja diante de um pensamento que o impede de ir adiante, saia do atoleiro e tente um outro, desse modo suas faculdades mentais estarão frescas e prontas para recomeçar.*
> Aristófanes, dramaturgo ateniense (448–380 a.C.)

Deixe acontecer

Johannes Brahms ficou farto das pressões para que compusesse mais músicas. Assim, ele deixou de compor. É isso mesmo, um dos maiores gênios musicais

CAPÍTULO 12 • O SEGREDO PREGUIÇOSO DAS IDÉIAS GENIAIS

da humanidade simplesmente desistiu, jurando enfaticamente para todos os seus amigos que ele nunca mais escreveria outra nota musical.

Contente com sua decisão, ele se retirou para o campo, onde desfrutava de longas caminhadas e uma vida sem preocupações. Então aconteceu uma coisa engraçada. A música começou a jorrar dele em borbotões. Ele não conseguia fechar o registro. Quando interrogado pelos amigos, ele candidamente explicou: "Eu estava tão contente com o pensamento de não escrever mais que a música surgiu sem esforço."

Dormir no trabalho

A maior parte eu compus na cama, deitado, ou num sofá, deitado. Eu devia pensar que a maioria das composições de quase todos os compositores surge em repouso. Muitas vezes minha mulher entrou no meu estúdio, me encontrou deitado e disse: "Ah, pensei que estivesse trabalhando, me desculpe!" E eu estava trabalhando, mas ninguém jamais imaginaria isso.

THE INFINITE VARIETY OF MUSIC, DE LEONARD BERNSTEIN, COMPOSITOR AMERICANO (1918–1990)

Receber o benefício de saber tudo sem ser obrigado

O conhecimento é vital para o sucesso mas, confie em mim, é impossível saber tudo. Quanto mais parecemos aprender, mais percebemos o quanto não sabemos. À medida que o nosso conhecimento aumenta, vemos a nossa ignorância crescer ainda mais depressa.

Como é possível absorver todas as informações que existem? Não é possível. E não somos obrigados a isso.

Intuição para a libertação!

Precisamos aprender a identificar e confiar na nossa intuição – o plano mais refinado do pensamento e do sentimento.

Vimos no Capítulo 8 que a vida é estruturada em camadas, o sutil sendo mais poderoso do que o superficial. A Mãe Natureza estruturou os nossos pensamentos e sentimentos da mesma forma. Nossos pensamentos mais sutis são mais poderosos e abrangentes do que os superficiais.

O conhecimento mais profundo é adquirido calmamente, quando a mente está assentada e os pensamentos são delicados. As bibliotecas sabem intuitivamente disso e assim impõem o silêncio. Essa é outra vantagem enorme do descanso. Permite que a mente se acalme para que então possa discriminar claramente entre o superficial e o sutil.

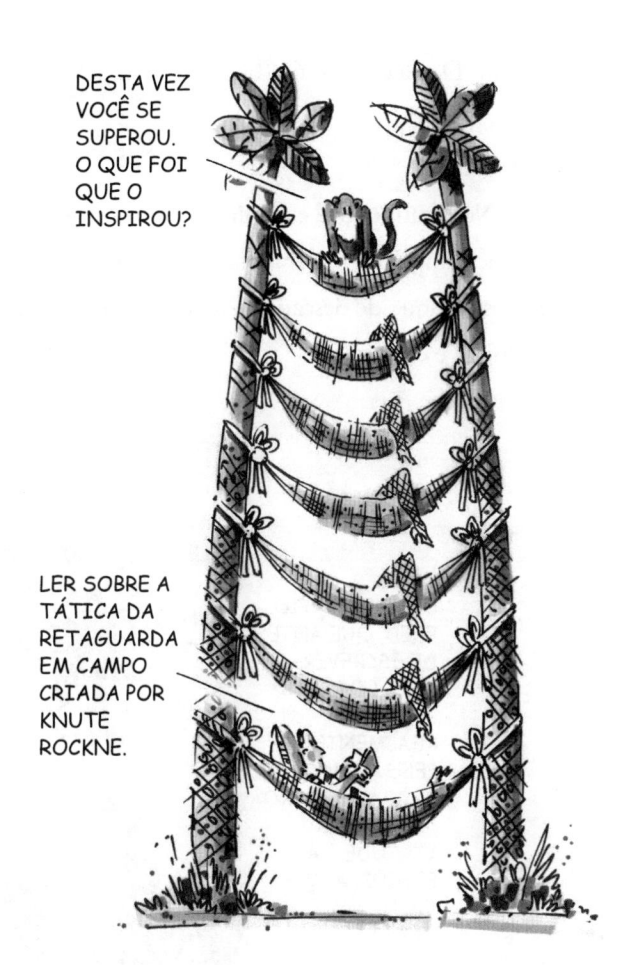

DESTA VEZ VOCÊ SE SUPEROU. O QUE FOI QUE O INSPIROU?

LER SOBRE A TÁTICA DA RETAGUARDA EM CAMPO CRIADA POR KNUTE ROCKNE.

Xerox

Chester Carlson, que passou quatro anos na *silenciosa* Biblioteca Pública de Nova York fazendo pesquisas, disse que a idéia para o processo de Xerox veio até ele num *flash intuitivo*. A IBM, entretanto, não apresentou o mesmo nível de gênio intuitivo diante de uma oportunidade de negócio. Eles rejeitaram a invenção de Carlson. Devia estar muito barulhento aquele dia na IBM.

Consciência

No capítulo final examinaremos o domínio das sutilezas no nosso processo de pensamento e o modo como podemos ampliar o poder mental e a clareza intuitiva. E também aprenderemos como acrescentar profundidade ao nosso ataque de descanso para que ele produza idéias geniais ainda mais brilhantes e atividades ainda mais dinâmicas e efetivas.

CAPÍTULO 13

Como encontrar o sucesso nos fracassos, acidentes, erros, obstáculos e reveses

Se um homem for sortudo não há como prever a extensão da sua boa sorte. Jogue-o no Eufrates e, como se nada tivesse acontecido, ele vai aparecer nadando e trazendo uma pérola na mão.

PROVÉRBIO BABILÔNIO

O SEU DESEJO DE SUCESSO JÁ ESTÁ GARANTIDO. ESTÁ EXATAMENTE NAQUILO QUE VOCÊ ROTULOU COMO UM FRACASSO.

CAPÍTULO 13 • COMO ENCONTRAR O SUCESSO NOS FRACASSOS

Vamos dizer que você fracassou. Ou foi incompetente. Ou em primeiro lugar não foi bem-sucedido.

Madame ou Monsieur Fracasso, você deveria se sentir infeliz ou esconder a cara de vergonha? É claro que não. Isso seria um desperdício de vida. Deveria tentar, tentar de novo, como diz o ditado? Não necessariamente. Isso poderia ser jogar fora para sempre uma das maiores dádivas que recebeu.

Em louvor ao fracasso

Fracassar não é ruim. Muito pelo contrário, é bom. Fracassar certamente não é uma coisa da qual precisamos nos envergonhar. O fracasso pode constituir uma enorme vantagem por muitas razões. Entretanto, quero entoar louvores ao fracasso do ponto de vista da escola *preguiçosa* do pensamento com relação ao fracasso. Dessa perspectiva, gosto do fracasso porque muitas vezes é *mais fácil* encontrar o sucesso no fracasso do que fazer o serviço novamente na esperança de encontrar o sucesso da próxima vez. É isso: descubra o sucesso no fracasso. Por que não? Economiza tempo, esforço, energia, uso e desgaste. E se souber onde e como olhar, um bom fracasso pode valer um milhão de esforços anteriores na busca do sucesso.

Vou começar com uma história maravilhosa.

Alex, o descuidado

Alex, o Descuidado, trabalhava num laboratório médico que recebia rotineiramente amostras infectadas de um hospital. Alex inoculava placas esterilizadas com a bactéria daquelas amostras. Afinal, a bactéria microscópica crescia para formar uma nuvem leitosa nessas placas. Alex então raspava a bactéria, examinava-a sob um microscópio e identificava a doença para o hospital, uma tarefa que qualquer técnico da área médica, em qualquer lugar do mundo, pode fazer.

Certo dia, entretanto, ele percebeu que havia um buraco no meio da nuvem leitosa em que a bactéria não estava presente. No meio do buraco havia uma pontinha de mofo que tinha contaminado a cultura. Alex ficou pensando como aquele bolor tinha chegado até ali, já que as bandejas esterilizadas estavam cobertas, mas ainda assim o mofo tinha aparecido e arruinado a experiência.

Se Alex fosse um estudante de biologia que ainda não tivesse se formado e a conclusão bem-sucedida do seu experimento fosse necessária para que ele passasse de ano, certamente ele teria fracassado. Como qualquer professor de ciências que valoriza seu cloreto de sódio explicaria, Alex

TODO MUNDO PENSAVA QUE O FRACASSO TRAZIA A POBREZA ...

... SEM PERCEBER QUE PODIA CONTER UM MAJESTOSO SUCESSO.

teve um lamentável descuido na técnica de laboratório, o que permitiu que uma intrusão tão facilmente previsível destruísse sua cultura.

Vamos dizer que você dirige um laboratório que contém muitos tipos desses testes e o bolor de Alex-o-Descuidado fosse de cultura para cultura destruindo todas, de tal modo que fosse impossível fazer qualquer diagnóstico. E vamos dizer que você não pudesse se livrar disso. Como você iria lidar com esse desastre? Lembre-se, hospitais, médicos e pacientes estão dependendo da identificação precisa dessas bactérias. Você fecharia o laboratório e o desinfetaria completamente antes de começar de novo? Despediria Alex? Ele é, afinal, o responsável por toda essa confusão.

O bolor tem má reputação. Nada de bom é associado ao bolor. Ele é sujo. Cresce em coisas estragadas. É invisível.

Alex também tinha os mesmos preconceitos. Alex precisava que a sua bactéria crescesse, mas aquele bolor desagradável não iria deixar que isso acontecesse. O seu primeiro impulso, estou certo, foi amaldiçoar o fato do seu projeto estar arruinado, de ter *fracassado*, e que deveria tentar de novo.

Mas então, por algum toque de pura genialidade, ele percebeu que se o bolor destruía a bactéria na placa, talvez, se fosse extraído da placa e injetado em pessoas doentes, poderia matar a mesma bactéria e acabaria com a conseqüente infecção. Naquele momento transcendental, ele viu o bolor não como alguma coisa suja que precisasse ser desinfetada, mas como algo belo que poderia limpar, até mesmo curar.

Por Alex ter encontrado o sucesso no fracasso, o seu bolor salvou mais vidas e aliviou mais sofrimento humano do que qualquer avanço médico na história. Literalmente milhões de pessoas devem suas vidas a Sir Alexander Fleming, que, em 1928, descobriu a penicilina.

Aqueles que praticaram o *tente, tente* de novo

Você sabia que antes de Fleming ter feito a sua brilhante descoberta já existiam na literatura científica pelo menos 17 diferentes referências a um bolor que, de alguma forma, destruía a cultura nos experimentos bacteriológicos? Em outras palavras, pelo menos 17 pessoas fizeram a mesma descoberta do tipo uma em um milênio *antes* de Fleming. Mas o que eles fizeram com a experiência que, vista sob a luz certa, os teria tornado imortais na história da humanidade? Todos os 17 viram o bolor como um *fracasso*, registraram-no como um *lamentável* erro numa nota de rodapé, jogaram fora os maus experimentos e começaram de novo.

E contamos apenas aqueles 17 que tiveram a integridade de confessar o *fracasso*. Quantos você imagina que ficaram envergonhados demais para *admitir* que um bolor tinha arruinado seus experimentos?

Se você fracassar da primeira vez, PARE!

Não faça imediatamente uma coisa tão boba quanto tentar, tentar de novo.

Olhe para o *fracasso* novamente, mas partindo de uma perspectiva diferente. De *diversos* ângulos, jogue diferentes luzes sobre o seu fracasso. Você já pode ter sido bem-sucedido, mais do que possa ter imaginado, mas de um modo muito diferente daquele que você tinha planejado. Uma perspectiva nova freqüentemente rende oportunidades de ouro escondidas no *fracasso*. Se você quiser um modo infalível (e sem esforço) para acertar na mosca todas as vezes, basta desenhar o alvo em volta da sua flecha depois que ela tiver pousado.

Mesmo que pareça que não se consegue encontrar o sucesso num fracasso, é imperativo enxergar o fracasso e o sucesso não como opostos, mas como elementos-chave de

TENHA DÓ, TIO FRED. VOCÊ ESTÁ EXAGERANDO. COMO ALGUÉM PODERIA SER GANANCIOSO POR ALGUMA COISA TÃO ABUNDANTE E SUPERFICIAL COMO O DINHEIRO?

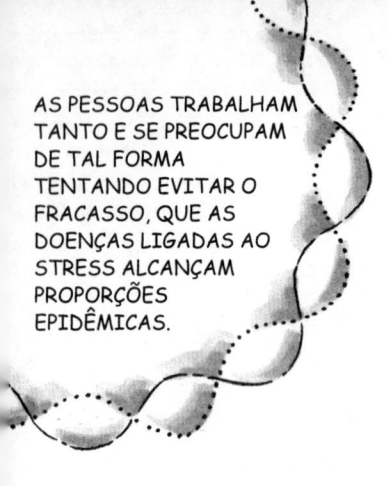

AS PESSOAS TRABALHAM TANTO E SE PREOCUPAM DE TAL FORMA TENTANDO EVITAR O FRACASSO, QUE AS DOENÇAS LIGADAS AO STRESS ALCANÇAM PROPORÇÕES EPIDÊMICAS.

todo o processo do pensamento criativo. Erros, enganos, acidentes e fracassos devem ser aceitos porque servem como trampolins para avanços maiores.

Dobre seu índice de fracassos

O caminho para o sucesso é dobrar o seu índice de fracassos.

TOM WATSON, EX-PRESIDENTE DA IBM (1918–1993)

A descoberta consiste em olhar a mesma coisa que todas as outras pessoas e pensar em algo totalmente diferente.

ALBERT SZENT-GYORGYI VON NAGYRAPOLT

PRÊMIO NOBEL DE MEDICINA (1893–1986)

E se ele tivesse sido bem-sucedido da primeira vez?

Abraham Lincoln viveu uma vida de fracassos, aparentemente com cada fracasso sendo o trampolim para um fracasso maior, até que se tornou presidente dos Estados Unidos. Eis o rol das derrotas de Lincoln.

Ele perdeu o emprego em 1832. Perdeu também uma eleição para a legislatura estadual em 1832. Fracassou nos negócios em 1833. Finalmente foi eleito para a assembléia legislativa em 1834, mas perdeu sua amada que morreu em 1835 e, então, teve um colapso nervoso em 1836.

Perdeu a eleição para presidente da assembléia legislativa em 1838. Perdeu a indicação para o Congresso em 1843. Afinal foi eleito para o Congresso em 1846, mas perdeu a nova indicação em 1848.

MAS, TIO FRED, NÃO HÁ MAIS NENHUMA REDE?

Ele estendeu sua longa trilha de perdedor ao ser rejeitado vergonhosamente para o cargo de oficial do cadastro público em 1849, ao perder a corrida para o Senado em 1854, ao perder a indicação para vice-presidente em 1856 e ao perder novamente a eleição para o Senado em 1858.

Você poderia pensar que um homem com uma trajetória tão terrível em disputas eleitorais daria um basta às suas perdas e procuraria uma outra linha de trabalho.

A propósito, no que se transformou o velho Abe em 1860? E quem foi ele dessa vez para os historiadores o considerarem como o maior presidente dos Estados Unidos?

Se você não for bem-sucedido da primeira vez, transfira os seus objetivos para um patamar mais elevado.

Outros fracassos famosos

Colombo fracassou na ida às Índias. Todos nós conhecemos essa história. Que tal outra?

Thomas Edison fracassou cerca de 1.000 vezes em sua busca pela invenção da lâmpada incandescente. Alguém perguntou a ele como ele se sentia por ter falhado 1.000 vezes.

PERMITA-ME CONTAR A VOCÊ A MINHA EXPERIÊNCIA

Eu nunca falhei; apenas descobri 1.000 modos em que a lâmpada não funcionava. E cada tentativa me levava mais perto do conhecimento de como funcionaria.

THOMAS EDISON, INVENTOR AMERICANO (1847–1931)

Os erros são os portais da descoberta.

JAMES JOYCE, ROMANCISTA IRLANDÊS (1882–1941)

A descoberta do rádio pela Madame Curie decorreu de uma seqüência de falhas, acidentes, asneiras, efeitos colaterais não desejados e refugo descartado. Esta foi a cronologia: o físico

CAPÍTULO 13 • COMO ENCONTRAR O SUCESSO NOS FRACASSOS

francês Henri Becquerel sem querer teve suas chapas fotográficas estragadas porque foram deixadas muito perto do seu estoque de urânio. Quem iria imaginar? Depois de ficar enfurecido com a sua falta de sorte, ele relatou sua descoberta à Academia Francesa de Ciências. Ninguém se importou. Afinal, a recente descoberta dos raios-X era a paixão do momento.

Madame Curie, entretanto, sentiu-se atraída por aqueles raios que não estavam na moda. Pelo menos, ela não se aborreceria com a leitura de uma longa bibliografia e de toda a papelada de pesquisa. *Graças a Deus pela preguiça*. Isso significou que ela pulou diretamente para a parte experimental. *Graças a Deus pela paixão*. Ela não estava sequer procurando pelo rádio. Em vez disso, ela estava estudando aqueles raios *ignorados* que tinham sido

ANTES DO LIVRO DO FRED, TODOS PENSAVAM TOLAMENTE QUE A BOA SORTE FOSSE CAPRICHOSA. E NAQUELE TEMPO OS DESEJOS ERAM TÃO VERGONHOSA-MENTE SUPERFICIAIS QUE ERA DIFÍCIL VALER A PENA SAIR DA LÂMPADA.

descobertos por *acidente*. Ela fez sua pesquisa num galpão *abandonado*, em cima de *resíduos* de mineração. Durante todo esse tempo ela não tinha a menor pista com relação à utilidade de sua exploração.

Ela disse:

Nenhum de nós podia prever no início desse trabalho que estávamos para entrar no caminho de uma nova ciência que seguiríamos por todo o nosso futuro.

Madame Curie, química (1867–1934)

Se descartar acidentes como acidentais e fracassos como indesejáveis, você estará perdendo de vista o quadro mais amplo – e provavelmente mandando-o pelos ares.

Efeitos colaterais

Uma pessoa empreendedora que esteja interessada em fazer menos precisa estar particularmente consciente dos efeitos colaterais. Por quê? Porque os efeitos colaterais não são apenas uma mina de ouro, podem ser *a* mina de ouro. Os efeitos colaterais são freqüentemente os principais efeitos da Natureza. O melhor é muitas vezes encontrado em *ângulo* reto em relação ao que você está enfocando ou *na periferia*.

É um fenômeno estranho, e não estou bem certo do porquê, mas é notável que a matéria de que é feito o sucesso normalmente seja descoberta inicialmente como um *efeito colateral*. Os exemplos a seguir contam a história de como os efeitos colaterais, que são cidadãos de segunda classe para o foco primário de alguém, dão *fôlego novo* a um empreendimento e produzem riqueza, fama e sucesso que *não ficam devendo nada a nenhum outro*.

- Vamos começar com o Sr. Bissell, um homem humilde que tocava uma loja de louças. A profissão dele, o seu foco primário, como quiser, era louça – serviços de chá, aparelhos de jantar floridos, terrinas de sopa, etc. O problema era que a mulher dele detestava a serragem usada na hora de empacotar as peças porque entranhava no tapete e ela levava uma eternidade varrendo para retirá-la. Para aliviar a frustração da mulher, ele inventou uma engenhoca para varrer tapete. As pessoas

MINHA VEZ!
MINHA VEZ!

ouviram falar disso e começaram a pedir que ele lhes mandasse uma para uso pessoal. Hoje, mais de cem anos depois, os varredores de carpete Bissell são vendidos em todo o mundo. O enorme sucesso do Sr. Bissell afinal não veio da sua loja de louças, mas de uma atividade menor na periferia do negócio principal.

● Uma outra história de poeira: Hubert Booth estava tentando aperfeiçoar um sistema de filtragem. Uma de suas experiências o colocou deitado no chão, com um lenço sobre a boca aspirando a poeira, a fim de observar como ela se movia. *Voilà*, ele inventou o aspirador – um *efeito secundário*.

● Os irmãos Kellogg eram vegetarianos e dirigiam um sanatório em Battle Creek, Michigan. Eles defendiam a idéia de que, tomando um café da manhã leve, as pessoas pensavam com mais clareza e, para demonstrar o tipo de comida que tinham em mente, eles criaram os flocos de milho. Do ponto de vista dos Kellogs, os flocos de milho eram apenas uma nota de rodapé, um detalhe menor no regime alimentar diário de seus hóspedes. Entretanto, os hóspedes insistiam em comprá-los para comer em casa. Assim, os Kellogs passaram a vender os flocos para os hóspedes que estavam de partida *como um serviço extra*.

● Alexander Graham Bell era professor de crianças surdas. Ele estudou a ciência do som com a única intenção de desenvolver um dispositivo para audição que utilizava som amplificado. Isso o levou a inventar o microfone e o telefone como *efeitos colaterais*.

- A máquina de escrever foi inventada como uma ferramenta para realçar a impressão para cegos.
- Os irmãos Wright foram antes de tudo consertadores de bicicleta.

O lado prático dos efeitos colaterais

Na prática, essa regra de ouro dos efeitos colaterais é o motivo de não ficarmos concentrados no dinheiro se quisermos ser ricos. Se o que deseja é dinheiro, você faria bem em manter o foco no cliente. O efeito colateral pode muito bem ser lucrativo. Mas, se insistir em ficar voltado para o dinheiro, os efeitos colaterais serão stress, úlceras, dores de cabeça e aflições debilitantes semelhantes.

Sir Francis Bacon e o método científico

A inovação ocorre com freqüência no lugar errado pelo motivo errado. As descobertas são feitas normalmente por acidente. Sir Francis Bacon, que formulou o Método Científico, tentou fazer um procedimento sistemático para a descoberta científica. Tragicamente, todas as escolas e universidades agora ensinam o Método Científico de Bacon como o caminho verdadeiramente científico. Do meu ponto de vista, o Método Científico de Bacon funciona como antolhos porque ele restringe sua visão. Poucas descobertas dignas de nota foram feitas passo a passo pelo Método Científico de Bacon.

> *Exatamente o que Sir Francis Bacon descobriu? Ele é como um velho professor de balé que diz aos outros como devem dançar. Aqueles que fizeram a maioria das descobertas mal conhecem Bacon. Aqueles que estudam Bacon, como o próprio Bacon, não foram bem-sucedidos.*
>
> DR. HANS SELYE, DESCOBRIDOR DA "SÍNDROME DO STRESS" (1907-1982)

EU SOU O PRÓXIMO!

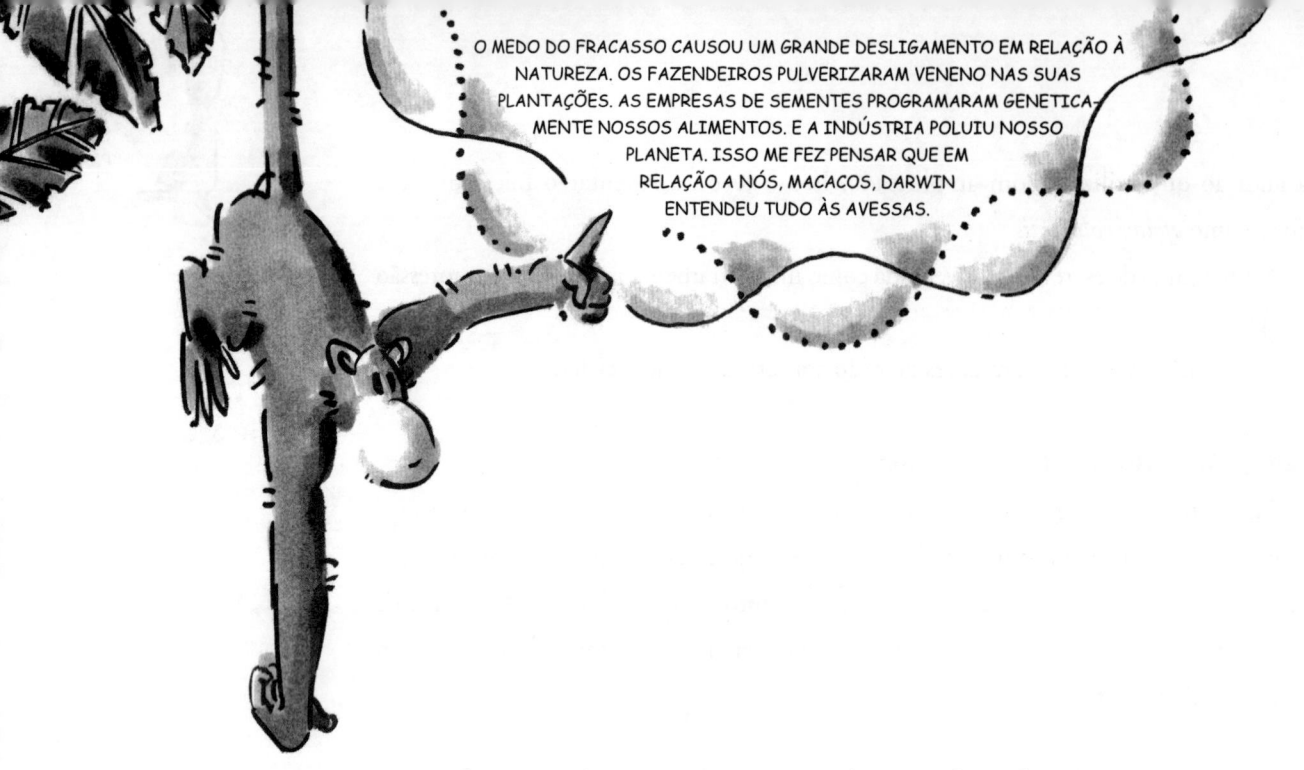

> O MEDO DO FRACASSO CAUSOU UM GRANDE DESLIGAMENTO EM RELAÇÃO À NATUREZA. OS FAZENDEIROS PULVERIZARAM VENENO NAS SUAS PLANTAÇÕES. AS EMPRESAS DE SEMENTES PROGRAMARAM GENETICAMENTE NOSSOS ALIMENTOS. E A INDÚSTRIA POLUIU NOSSO PLANETA. ISSO ME FEZ PENSAR QUE EM RELAÇÃO A NÓS, MACACOS, DARWIN ENTENDEU TUDO ÀS AVESSAS.

Esqueça de Bacon e do seu sistemático Método Científico. Abra sua mente para o que está em volta. Se você se concentrar demais no objetivo pretendido, pode perder a ação real.

Obstáculos (deficiências, dificuldades)

Apesar da ignorância da sociedade, vimos que o fracasso pode ser uma grande vantagem, acidentes uma dádiva e erros uma bênção. Eles não deveriam ser tratados com desdém, mas com uma reverência atenta, porque contidos neles estão sucessos magníficos.

No mesmo espírito, eu também preciso entoar louvores às falhas, faltas, dificuldades, adversidades, obstáculos, fraqueza, debilidades e deficiências. Esses também são recursos poderosos – com exceção das seguintes deficiências, é claro: ganância, desonestidade, malevolência, egoísmo, ódio, luxúria e arrogância.

Nova Inglaterra

Pense na Nova Inglaterra há duzentos anos. Se havia um local geográfico com recursos *negativos*, esse era a Nova Inglaterra. Grandes pedras nos campos tornavam a tarefa do fazendeiro quase impossível durante o verão, e durante os longos invernos os rios e lagos congelados impediam a navegação.

Se você olhar de modo incorreto as adversidades e os obstáculos, vai amaldiçoar a sua sorte, interromper suas perdas e mudar-se para outro lugar. Entretanto, contidas nessas adversidades estavam duas estupendas oportunidades. Aquelas pedras graníticas eram colhidas, vendidas e despachadas pelo país inteiro para construir as cidades da nação. O gelo também era colhido, vendido e despachado para as regiões tropicais. Da próxima vez que pedir gelo para o seu refresco, lembre-se dos *yankees* de 200 anos atrás que criaram o conceito e o mercado das *bebidas geladas*.

Derrotar a força com a fraqueza

Para chegar a Eindhoven, uma pequena cidade na Holanda, você precisa cruzar uma frágil ponte de madeira.

Durante a Segunda Guerra Mundial, os nazistas tinham 1.400 tanques a postos para ocupar essa indefesa cidade. Entretanto, eles decidiram não ir adiante. A ponte era muito fraca para suportar o peso até mesmo de um só tanque. Os nazistas decidiram desviar-se de Eindhoven.

E como dizem as pessoas de Eindhoven com paixão: "Deus nos salvou, de maneira totalmente *imprevista.*"

A fragilidade de Eindhoven foi a sua fortaleza.

O GOVERNO NÃO CONSERTAVA AS COISAS?

O GOVERNO TENTAVA, MAS ANTES DO LIVRO DO FRED, ELES NÃO CONHECIAM O SEGREDO DE RESOLVER OS PROBLEMAS.

E ISSO EXATAMENTE TORNAVA AS COISAS AINDA PIORES.

Deficiências

As deficiências também não devem ser consideradas um fardo. De fato elas podem ser a fonte de grandes realizações.

- O artista Henri Matisse produziu as suas melhores obras de arte quando estava cego, idoso e preso a uma cama.

- Claude Monet tinha catarata, o que distorcia a sua percepção. Ele usou essa distorção para pintar seus famosos lírios d'água.

- Beethoven compôs e regeu a sua magnífica Nona Sinfonia quando estava surdo. Incapaz de ouvir, isso não constituía uma deficiência para seu gênio musical.

- O compositor George Frederick Handel estava desesperado por dinheiro. Para conseguir algum ele compôs o seu inspirado *Messias* em 21 dias.

- Inválido pela velhice, Michelangelo estava quase com 90 anos quando projetou a Basílica de São Pedro.

Adversidade

No seu livro *Grow Rich With Peace of Mind*, Napoleon Hill fala da adversidade como um degrau para uma oportunidade maior. Disse que quando vê a adversidade chegando ele diz a ela: "Alô, amiguinha. Não sei qual a lição que você veio me ensinar, mas seja o que for, vou aprendê-la tão bem que você não vai precisar voltar uma segunda vez."

E se você estiver preso numa armadilha?

Além de ser preguiçoso e antiautoritário, eu desprezo o trabalho rotineiro. O que me desqualifica para qualquer tipo de emprego. Minha mente reage ao trabalho do mesmo modo que um gato reage quando você tenta lhe dar um banho. Sempre que sou condenado a desempenhar uma tarefa rotineira, perco toda a minha energia, o meu corpo dói de aborrecimento e a minha alma se encolhe de depressão. E como o gato ameaçado de ser mergulhado na água, minha mente procura imediatamente por alguma via de escape e vai arranhar desesperadamente se a saída lhe for negada.

Ainda assim, às vezes acontece, eu caio na armadilha de realizar uma tarefa desse tipo.

Sim, apesar da minha fanfarronice, humildemente tenho de admitir que, às vezes, se bem que por breves períodos – medidos em segundos –, eu também trabalho. Algumas vezes torna-se óbvio que a infelicidade de não fazer é pior do que fazer, assim eu me rendo ao purgatório de uma tarefa ridícula. Mesmo que seja extremamente desagradável para mim. Mesmo que vá contra cada célula sensível do meu corpo.

Dadas as circunstâncias, você poderia naturalmente perguntar: "Tudo bem, Senhor Preguiçoso Sabichão, e agora?"

Se estiver numa armadilha e não puder se livrar dela, só há uma abordagem para preservar a sua sanidade mental e a sua saúde. Você precisa olhar para a sua assustadora rotina com novos olhos. Exatamente como se fosse um fracasso, um obstáculo ou uma deficiência, precisa ver isso como uma fonte de oportunidade e um terreno fértil para aplicar os seus recém-adquiridos segredos da preguiça bem-sucedida. Se a necessidade é a mãe da invenção, então logicamente se segue que a necessidade *medonha* deve ativar a fertilização.

PEDIMOS DESCULPAS.
NÓS PROMETEMOS
QUE NÃO VAI
ACONTECER DE NOVO.

Debaixo do nosso nariz

Por agora você já sabe uma premissa central: a Natureza quer que você seja bem-sucedido e que faça isso sem percorrer longas distâncias ou exercendo grande esforço. Você não pode ficar mais perto de casa do que utilizando a sua singularidade, que inclui seus fracassos e suas particularidades. Essa singularidade pode deter a chave do seu sucesso. Por que ir para longe se a resposta está debaixo do seu nariz? De fato, a resposta pode até ser o seu nariz.

Use seus erros. Edith Piaf, cantora francesa (1915–1963)

TIO FRED, SABEMOS QUE EXISTE UM FINAL FELIZ. CONTE-NOS UMA HISTÓRIA DO TEMPO DAS REDES DE COMO AS COISAS CORRIAM MELHOR.

SIM, EU ADORARIA. TUDO ISSO ESTÁ NO ÚLTIMO CAPÍTULO. ERA UMA VEZ...

... ERA UMA VEZ, ANTES DO MEU LIVRO, QUANDO AS COISAS ESTAVAM TÃO DISTORCIDAS, QUE OS GOVERNOS REALMENTE ACHAVAM QUE SOLTAR BOMBAS RESOLVIA OS PROBLEMAS. ESSA IDÉIA VEIO DE CÉREBROS CANSADOS, NÃO DESENVOLVIDOS, CAPAZES SOMENTE DA FORMA MAIS CRUA DE PENSAMENTO. QUALQUER COMPREENSÃO OU EXPERIÊNCIA DO PODER DO SUTIL ESTAVA COMPLETAMENTE PERDIDA.

A SOLUÇÃO VIVIA NUM LUGAR MUITO ESPECIAL – A TERRA DO NÃO FAZER NADA.

CAPÍTULO 14

Como não fazer nada e conseguir tudo

EI, PESSOAL, ACABEI DE LER ESTE CAPÍTULO. FRED REALMENTE PEGOU PESADO NA ÁREA FILOSÓFICA. TIVEMOS DE TOMAR ALGUMAS MEDIDAS DRÁSTICAS.

CAPÍTULO 14 • COMO NÃO FAZER NADA E CONSEGUIR TUDO

Este capítulo não é para amadores. É destinado somente aos estudantes que levam a sério a preguiça. Aqui teremos discussões sem barreiras de como literalmente não fazer nada e realizar tudo, inclusive resolver todos os problemas da sociedade.

Ficar mais esperto

Todos nós já ouvimos esta frase: trabalhe mais inteligentemente, não mais arduamente. É bonitinha. Está na moda. Certamente é um passo na direção certa. Mas, além de objetar contra a idéia de trabalho, qualquer trabalho – mais inteligente ou de outro tipo –, tenho uma pergunta bem simples. Presumindo que eu realmente queira trabalhar de modo mais inteligente, como vou conseguir ficar mais esperto para fazer isso?

A eterna e popular resposta é a educação. É claro, a educação nos faz mais inteligentes. Não é? Deixe-me contar-lhe uma história.

Minhas façanhas na faculdade

Quando comecei a minha carreira universitária na Rutgers University em 1964, naturalmente presumi que sendo um aluno bom e consciente eu me tornaria uma pessoa mais esperta. Eu conseguiria esse resultado ao desafiar a minha mente com conceitos avançados, ao entrar em contato com pessoas sofisticadas e de alto nível de educação, ao participar de discussões e eventos instigantes e ler montanhas de livros.

ENQUANTO EU ESTOU PROCURANDO GANHAR TEMPO, VOCÊS USEM A CRIATIVIDADE. NÃO TEMOS UM INSTANTE A PERDER. SE TUDO CORRER BEM, NOS ENCONTRAREMOS NO FINAL DO LIVRO.

Estava tão convencido de que a faculdade iria me tornar mais inteligente e que quanto mais eu freqüentasse a faculdade mais inteligente ficaria, que mergulhei com gosto. Não peguei cursos efeminados como Física para Poetas. Escolhi cursos que suportassem uma investida direta, como Física Analítica (um curso destinado a estudantes de engenharia). E já que eu tinha aptidão para a matemática, para mim, nada de Cálculo para as Bonecas da área de Humanas. Peguei dez créditos de Cálculo Especulativo, curso especialmente destinado aos que se especializavam em matemática. Isso também significava que a classe se reunia todos os dias durante um ano, em vez da moleza de duas vezes por semana.

Com a diligência de um escoteiro, despejei todos esses fatos, fórmulas, operações, conceitos, teorias e provas direto no meu esgotado tálamo. Eu estava determinado a me tornar mais inteligente. Ai de mim, agora sei qual era o ponto fraco – não fiquei nem um pouquinho mais esperto.

Um sistema falido

Agora está claro como cristal que não importa o prestígio da escola, o quanto ela seja bem equipada ou bem capacitada, ou o quanto force o aluno. Não interessa se o programa é da pré-escola ou de doutorado ou qualquer outro entre esses dois. A educação, como ela existe hoje, simplesmente não torna os estudantes mais inteligentes. Não revela o potencial mental do aluno. Não aumenta o autoconhecimento do estudante. A educação moderna é, para a maioria, um desfile de fatos fragmentados, muitas vezes irrelevantes e facilmente esquecidos, que não têm efeito nem uso positivo e duradouro.

A educação contemporânea usa a abordagem do halterofilista (ou viciados em trabalho) para torná-lo mais esperto – ler mais livros, memorizar mais fatos, ter mais pensamentos, pensamentos mais pesados, mais sofisticados, ter seus pensamentos desafiados e criticados, e ficar acordado até tarde durante todo o processo. É uma abordagem *de fora para dentro* – trata a mente dos estudantes como contêineres que precisam ser enchidos com informações.

Não funciona. Exercitar o cérebro não o torna mais inteligente.

Se a sua inteligência for lerda no começo da sua marcha forçada por meio da educação moderna, ou se for brilhante, você não vai estar mais inteligente quando se formar.

Um comentário particularmente desapontador sobre a condição atual da educação é a pesquisa que descobriu que o QI de um estudante aumenta no decorrer da infância e *nivela* quando ele chega aos 15 ou 16 anos. A educação do colégio, seja lá o que for que atinja, não aumenta o QI. Portanto, as pessoas passam o resto de sua vida com – quase literalmente – uma inteligência adolescente.

É uma triste verdade, mas a educação como ela existe no mundo hoje em dia tem falhas graves e é vergonhosamente superficial. A educação moderna na tentativa de exercitar o cérebro ficou de mãos vazias. Ela fracassou na sua intenção de fazer o aluno ficar mais inteligente, e se a educação persistir em continuar seguindo pelo mesmo caminho, vai continuar a falhar. Enquanto os estudantes aprenderem algumas habilidades – o esperto vai aprender a ler, escrever, lidar com computador e se submeter a testes, o não-acadêmico vai aprender a regular os carburadores e a martelar pregos –, ninguém vai crescer no âmbito da inteligência subjacente e da criatividade. Essa é uma grande tragédia. E um desperdício monumental de vida.

Não só a moderna educação falha no desenvolvimento da inteligência e do potencial mental dos alunos, ela pode verdadeiramente fazer o contrário. Há muitos estudos recentes citando que a saúde e a felicidade dos estudantes estão ameaçadas pela prática educacional moderna. Entre eles há estudos documentando o baixo desenvolvimento do ego, o baixo desenvolvimento moral e o baixo desenvolvimento cognitivo entre os graduados. Alguns estudos mostram que estudantes do ensino básico tornam-se menos criativos em conseqüência da sua escolaridade.

De volta ao ponto de partida

Portanto, depois de gastar coletivamente toneladas de dinheiro todos os anos num sistema falho, sem mencionar a quantidade assombrosa de horas que os estudantes passam na escola, estamos de volta ao Ponto de Partida com as mesmas perguntas – como nos tornarmos mais inteligentes?

Se, como os psicólogos dizem, só usamos entre 5% e 10% do nosso potencial mental, então claramente existe muito espaço para melhorar. Certamente, não faria muito sentido para o Criador nos dotar com 100% do potencial mental se Ele sabe que passaremos pela vida usando apenas uma fraçãozinha disso. Ele não nos deu os outros 95% para arrastarmos por aí tanto peso morto. Deve haver um modo de usar mais do material que Deus nos deu e nos tornarmos mais inteligentes. Mas, se não é pela educação, então como fazer isso?

Se você prestou atenção nas lições deste livro até aqui, sabe que a resposta não vai ser encontrada na superfície. A solução SÓ será encontrada num nível mais profundo, sutil, básico e fundamental – um nível que foi completamente ignorado pelos educadores modernos ou, talvez me expressando melhor, um nível que os educadores modernos ignoram totalmente.

O que está faltando

Neste momento, a educação concentra-se exclusivamente nas informações e habilidades. As universidades maciçamente têm se esmerado em dividir todo o conhecimento e distribuí-lo em diversas categorias como física, química, matemática, engenharia, psicologia, biologia, fisiologia, sociologia, ecologia, ciência política, filosofia, arte, linguagem, astronomia, geologia, etc., etc., etc.

Apesar da meticulosidade da educação, eles se esqueceram de uma coisa. Eles se esqueceram do estudante. Eles se esqueceram do "conhecedor" – aquele que conhece o conhecimento. Quem é ele? O que é aquele que realmente faz o conhecimento?

O que você sabe?
Eu sei termodinâmica nuclear!
Ótimo! Quem é que sabe termodinâmica nuclear?
Sou eu!!! Eu sei isso!!!
Quem é Eu?
Huum ... Eu não sei.

Obviamente o seu próprio eu é a base para cada uma de suas experiências. Se você não souber completamente quem você é, se ignorar o seu próprio eu, então qualquer outro conhecimento que adquirir será construído sobre a base fraca da ignorância. O conhecimento baseado na ignorância não pode ser profundo ou eficiente. O conhecimento do seu próprio eu – conhecimento da completa totalidade ilimitada do seu próprio eu – é fundamental para qualquer conhecimento. Infelizmente, todas as escolas dão uma passada por alto nesse conhecimento vital.

Conheço tudo exceto a mim mesmo. FRANÇOIS VILLON, POETA FRANCÊS (1431–1465)

Então quem é você?

Se retirarmos sistematicamente cada uma das camadas que nos compõem, como se fôssemos uma cebola, poderíamos finalmente descobrir o que está em nosso núcleo.

Vamos fazer isso. Em primeiro lugar vamos retirar a camada mais externa – a que anda, fala, dança, joga golfe. Qual seria a próxima camada? A próxima seria a atividade sensorial – a que vê, ouve, toca, prova e cheira. Se nos descascássemos assim, ficaríamos conscientes do nosso pensamento. Se fizéssemos isso, ficaríamos conscientes dos nossos sentimentos. Se estivéssemos descascados desse jeito, do que teríamos consciência?

Nós apenas *estaríamos conscientes*. Pura e simplesmente. A consciência seria o nosso núcleo.

Toda experiência humana é baseada em estar consciente. Tenho consciência de que me movimento. Estou consciente de que enxergo. Tenho consciência de que penso. Estou consciente de que sinto. E assim por diante.

Você precisa estar consciente antes de poder experimentar, antes de poder saber, antes de poder fazer. A consciência (ou estar consciente) é essencial antes de ter qualquer experiência.

A educação moderna ensina Física Quântica, Cálculo Avançado e Jogadas de Basquete muito bem. Evidentemente, perder é um modo de você ganhar o conhecimento de sua própria consciência e, mais importante, um modo de experimentar a sua natureza mais interior na sua pureza, isolada de pensamentos, emoções e idéias. É essa experiência, que logo vou explicar, que desenvolve o seu potencial mental e torna você mais inteligente e criativo, e mais consciente e amoroso com relação a isso. É essa experiência que lhe permite usar mais o seu cérebro – para que ele funcione do modo para o qual foi planejado.

Aqui é onde você passa a se conhecer – profunda, íntima e completamente.

Como?

Várias tradições culturais têm reconhecido o valor iluminador da experiência da consciência pura e têm divisado técnicas que ajudam a chegar lá. Entretanto, muitas abordagens envolvem algum controle mental extenuante. Todos esses exercícios de ginástica mental são tediosos, sem graça e transmitem pouco da experiência desejada. Além disso, todos eles são difíceis de fazer. Não é de admirar que nenhum deles tenha se tornado popular.

Eu, entretanto, tenho muito carinho pela *facilidade*. Quanto mais fácil, melhor. Para mim, as regras que exigem esforço e trabalho é para os tolos. Nessa perspectiva tenho tido excelentes resultados com a prática do programa de Meditação Transcendental®, uma técnica apresentada ao mundo pelo Yogue Maharishi Mahesh.

Essa técnica é fácil e não exige esforço. Deixa que a sua mente se dedique a experimentar níveis mais sutis de pensamento até que você transcenda totalmente o pensamento – para então experimentar a sua consciência no seu estado puro e silencioso. (Se quiser saber mais a esse respeito, consulte o apêndice.)

UM SUJEITO VAI A UMA LOJA DE ANIMAIS E VÊ TRÊS PAPAGAIOS IDÊNTICOS. "QUANTO CUSTA ESTE?", ELE PERGUNTA.

Conheça a si mesmo.

Oráculo de Delfos

(650– 550 a.C.)

Como não fazer nada

Experimentar a consciência, no seu estado puro, é a experiência definitiva no campo de não fazer nada. Todas as formas de fazer – inclusive o pensar – cessam. Você fica desperto na sua própria natureza essencial. Apenas a extensão da consciência está atenta a si mesma. Quieta e tranqüilamente. Apenas sendo. Só beatitude. Essa experiência de pura consciência, de não fazer nada, é a base para se realizar tudo.

Campo unificado revisitado

Enquanto estamos tratando do assunto de não fazer nada, vamos ver o que os físicos têm a dizer sobre o campo unificado na base de tudo o que existe e onde, interessantemente, também nada se faz.

O renomado Dr. John Hagelin, especializado em física quântica, sugere que quando experimentamos *subjetivamente* a consciência pura, experimentamos, na verdade, o campo unificado como descrito *objetivamente* pelos físicos modernos. Já que o campo unificado é silencioso, pura potencialidade, contendo toda a inteligência e criatividade que dá lugar à criação, quando temos a experiência da consciência pura, estamos experimentando na verdade a fonte de todas as formas e fenômenos da criação.

Isso significa algo surpreendente: a natureza essencial do eu é realmente a natureza essencial de todo o universo. Em outras palavras, cada um de nós é cósmico.

Agora estamos chegando a algum lugar.

Sabedoria Antiga, Parte 1

A física, só nos dando um *hors d'oeuvre* intelectual, estimulou o nosso apetite. Só que a verdadeira fome exige

"$1.000,00", DISSE O BALCONISTA. "NOSSA! POR QUE TÃO CARO?", PERGUNTA O RAPAZ. "BEM, ESTE PAPAGAIO CONSEGUE OPERAR UM COMPUTADOR", O BALCONISTA RESPONDE.

"ENTÃO QUANTO QUER PEL MÉDIO?", ELE PERGUNTOU. "$2.000,00", DISSE O BALCONISTA. "$2.000,00!", EXCLAMA O SUJEITO. "POR QUE ESTE É TÃO MAIS CARO?" "BOM, NÃO SÓ ELE CONSEGUE FAZER TUDO QUE O PRIMEIRO PAPAGAIO FAZ, COMO CONSEGUE TAMBÉM PROGRAMAR O COMPUTADOR."

uma refeição completa. Felizmente, um antigo texto védico da Índia chamado Yoga Sutras de Patanjali, nos serve um banquete onde podemos nos fartar com a compreensão completa da consciência pura e seu relacionamento com o cosmo.

Para Patanjali, yoga significa mais do que a forma do exercício físico; yoga significa união – quando o indivíduo se une ao cosmo. No yoga, você percebe que a sua natureza essencial é realmente a natureza essencial do universo inteiro e de tudo o que há nele. Isso é como quando uma ondulação afastando-se da costa é percebida como o oceano inteiro.

Para conseguir essa união, você precisa cultivar a experiência de pura consciência que Patanjali chama *samadhi*. Nas palavras de Patanjali, samadhi é *o desaparecimento de todas as flutuações da mente*. Em outras palavras, *não fazer nada* – experimentar a imobilidade absoluta da sua própria *consciência* ou do seu próprio *Eu*.

Sabedoria Antiga, Parte 2

Uma chama que não treme
num local sem vento – a isso é
comparado o yoga do pensamento
submetido à prática da União com o Eu.

BHAGAVAD-GITA, CAPÍTULO 6, VERSO 19

O que está sendo descrito aqui é a consciência de um indivíduo que transcende a atividade mental e experimenta a sua própria infinitude. A palavra *Eu* está em maiúscula aqui porque se refere ao Eu universal.

Realizar Tudo, Parte 1

O Bhagavad-Gita, citado acima, foi registrado há mais de 5.000 anos e pode ser ensinado como a essência da sabedoria que vem da antiga Índia. É a fonte definitiva de como *não fazer nada*. Vamos encontrar, em outra fonte definitiva, o modo de conseguir tudo.

"E QUANTO AO ÚLTIMO?, PERGUNTA O HOMEM. "AH! ESTE É ESPECIAL", DIZ O BALCONISTA. "ELE CUSTA $100.000,00". "CEM MIL!", EXCLAMA O SUJEITO. "O QUE ELE CONSEGUE FAZER DE TÃO MARAVILHOSO?"

No Novo Testamento, Jesus aconselha: *Buscai primeiro o Reino de Deus ... e todas as demais coisas vos serão acrescentadas.* Ter *todas as demais coisas acrescentadas a você* aproxima-se estreitamente da expressão *realizar tudo*. O segredo parece residir em buscar o Reino de Deus em primeiro lugar.

Mais adiante Jesus nos diz exatamente onde encontrar esse Reino: *O Reino de Deus está em você* (Lucas 17:20–21).

Como chegamos a ele? O Rei Davi conseguiu a fórmula diretamente do próprio Deus. Nos Salmos, Deus disse: *Aquietai-vos e sabei que eu sou Deus.*

Aquietai-vos. O quão quieto será que Deus quis dizer com isso? O meu palpite seria completamente quieto. Quieto, sem pensamentos. Quieto na pura consciência. Quieto cosmicamente. Tão quieto, segundo Patanjali, que o pensamento cessa. Isso é estar bem quieto, é o mais quieto que você pode ficar estando vivo.

Fique quieto. Mais uma vez, quieto em que grau? Quieto não fazendo nada.

Nesse patamar de quietude, em que a consciência é pura, nesse patamar em que intimamente você conhece a si mesmo e em que sua individualidade se expande e se torna cósmica, nessa plataforma infinita, ilimitada e eterna – aí é onde você pode encontrar Deus e conhecer Deus.

E, para mim, *conhecer* Deus é uma outra forma de dizer *realizar tudo*. (Eu imagino que se você conhecer Deus você realizou tudo o que é valioso na vida.)

E a fórmula para essa realização máxima – e a realização de tudo o mais – é simplesmente *Ficar quieto.* Não fazer nada. Seguir o Princípio Natural da Ação Mínima e realizar tudo.

Esse *ficar quieto* definitivo é cultivado ao longo do tempo. Pessoalmente, descobri que a prática regular da técnica de Meditação Transcendental é o modo mais fácil, agradável e confiável de produzir e alimentar a quietude, *essa união com o Eu.*

No final, e do modo mais natural e espontâneo, você será abençoado com a percepção de que você é o oceano cósmico da consciência enquanto desempenha a sua atividade individual diária. Ao longo dos séculos, essa percepção tem sido chamada de *iluminação*.

Realizar Tudo, Parte 2

Sucesso Sem Esforço é uma história de refinamento contínuo, de transcender a superfície para experimentar o sutil. Avançar na superfície requer energia, esforço e trabalho. Tocar o sutil produz soluções poderosas.

É interessante como a citação da Bíblia – *Buscai primeiro o Reino de Deus ... e todas as demais coisas vos serão acrescentadas* – parece implicar que você não precisa nem *chegar* ao Reino de Deus para que tudo lhe seja acrescentado, basta simplesmente *procurá-lo*. Vamos examinar isso mais de perto.

A chave, naturalmente, é a mesma – permitir que a mente se acalme até ficar absolutamente quieta.

Vimos que cultivar essa quietude até que fique perfeita vai lhe trazer finalmente a realização permanente da sua posição cósmica, mas muito antes de chegar a esse almejado objetivo, o caminho ao longo do percurso produz cada vez mais frutos doces e preciosos. Por exemplo, ficar de molho nessa quietude diariamente tem um efeito magnífico no seu dia-a-dia – refina a sua percepção, aguça o seu raciocínio, expande a sua consciência, fortalece a intuição, melhora a saúde, o estado emocional, a vitalidade e melhora a sua sorte.

Essa melhoria contínua significa que você pode criar de modo mais brilhante e alcançar um sucesso glorioso. Alimentar o silêncio interior também o enche de uma alegria contagiosa que você naturalmente leva a tudo o que faz e a todos com quem lida. Tudo isso decorre apenas da *procura*, sem se importar em achar, do Reino de Deus.

Entretanto, não posso deixar de enfatizar, a busca deve ser feita de um modo que deixe a sua mente se acalmar para que assim ela esteja profundamente descansada enquanto permanece elevadamente desperta e alerta. (Eu trato disso de modo mais completo no Apêndice.) Só essa experiência profunda de não fazer nada ativa as reservas ocultas do seu cérebro, de tal forma que ele possa expressar completamente o gênio que Deus lhe deu e realizar tudo com facilidade.

> *Aquele que conhece os outros é sábio; Aquele que conhece a si mesmo é iluminado.*
>
> LAO-TSÉ, FILÓSOFO CHINÊS (604–531 A.C.)

"PARA DIZER A VERDADE", DISSE O BALCONISTA, "NÃO O VIMOS FAZER NADA AINDA. É QUE OS OUTROS DOIS PAPAGAIOS O CHAMAM DE CHEFE."

Realizar Tudo, Parte 3

Mesmo que voltemos agora nossa atenção para resolver os problemas do mundo, a fórmula continua a mesma. Isso se torna apenas um exercício de multiplicação. Nós simplesmente precisamos multiplicar o número de pessoas que não estejam fazendo nada. Deixe-me explicar.

Atualmente o mundo está sobrecarregado com inúmeros problemas – guerra, doença, crime, poluição, violência, ódio, fome, ignorância, ganância, corrupção, consumo de drogas, etc., etc., etc. Há tantos problemas que ninguém sabe qual deles atacar primeiro porque cada um deles parece insolúvel. Complicadores existentes em cada problema estão inextricavelmente ligados com todos os outros.

O Modo Preguiçoso aparece para salvar novamente. O Modo Preguiçoso mostra delicadamente que precisamos resolver apenas um problema e todos os outros desaparecerão como passe de mágica. Isso porque todos os problemas têm origem num só problema. Se resolvermos esse único problema, todos os outros vão desaparecer imediatamente. Esse problema único é que cada pessoa está empregando apenas parte do seu cérebro. Um campo mais fértil do que esse para a geração de problemas não existe.

Resolver esse problema é simples. Aprendemos que "não fazer nada" ativa as reservas não utilizadas do cérebro do indivíduo, mas o mundo é vasto e contém bilhões de cérebros. Por onde começar?

Começamos com nós mesmos. Não há nada mais importante que possamos fazer para nós mesmos e para o mundo do que fortalecer a nossa própria consciência (ficando quietos regularmente e não fazendo nada, é claro). Mesmo ocupando muito pouco espaço numa sala grande, ainda assim uma pequena lâmpada ao ser ligada elimina a escuridão. Conforme formos ficando mais conscientes, outras pessoas vão naturalmente se inspirar em nós. Quanto mais pessoas fortalecerem seu cérebro e aumentarem sua consciência, mais rapidamente desaparecerão os problemas sociais surgidos de indivíduos limitados.

Fortalecer sistematicamente a consciência de cada pessoa vai resolver os problemas do mundo. De fato, não existe outro jeito.

Conclusão

A fórmula para o nosso sucesso é, em primeiro lugar, ficarmos quietos *(não fazer nada)*. A realização de todos os objetivos da educação é ensinar a *não fazer nada*. A fórmula para resolver os problemas do mundo é para muitas pessoas apropriadamente *não fazer nada*. A fórmula para conhecer a Deus (realizando tudo) é ficar quieto *(não fazer nada)*. Portanto, ao procurar em primeiro lugar o Reino de Deus (o que é feito ao se permanecer quieto ou *não fazendo nada*), conseguimos tudo *(todas as demais coisas vos serão acrescentadas)*.

Portanto, meu amigo, agora você tem a fórmula definitiva para realizar tudo, receber tudo o que poderia querer da vida e resolver os problemas do mundo. Simplesmente, *não faça nada*. Este é o modo definitivo de ser bem-sucedido.

Com isso, encerro a minha apresentação, chamando a atenção para o sentido mais completo, e ainda assim mais ativo, da palavra *descanso*.

PERMITAM-ME LER PARA VOCÊS UMA BREVE DEFINIÇÃO DE "ESPREMEDOR AZUL."

UM ESPREMEDOR AZUL É UM INVENTO IMAGINÁRIO DOTADO DE QUALIDADES MÁGICAS QUE, QUANDO APLICADAS A UMA SITUAÇÃO, A TORNAM MELHOR.

AGRADOU TANTO AO AUTOR QUANTO AO ILUSTRADOR DESTE LIVRO USAR O TERMO REGULARMENTE PARA DESCREVER O PROCESSO CRIATIVO USADO PARA MELHORAR VÁRIAS PARTES DESTA OBRA.

EIS ALGUNS EXEMPLOS DE COMO ELES O USARAM:

"VAMOS APLICAR UM ESPREMEDOR AZUL NESTA ILUSTRAÇÃO PARA DEIXÁ-LA MAIS ENGRAÇADA."
"PARA AJUSTAR ESTE TEXTO VAI SER PRECISO UMA SÉRIA ESPREMIDA AZUL."
"SE EU TROUXESSE À LUZ UM ESPREMEDOR AZUL, ISSO AJUDARIA VOCÊ A ENTENDER O QUE EU PENSO?"

SÓ PARA CONSTAR. UM ESPREMEDOR AZUL NÃO ENVOLVE QUALQUER ESFORÇO OU DOR POR PARTE DO APERTADOR OU DE QUEM É APERTADO.

SE ESTA DEFINIÇÃO NÃO ESTIVER NA EDIÇÃO ATUAL DO SEU DICIONÁRIO, PROCURE POR ELA NAS PRÓXIMAS.

AGORA, O
MOMENTO
PELO QUAL
TODOS ESTAVAM
ESPERANDO!
NO PALCO...

TIO FRED
E OS
ESPREMEDORES
AZUIS!

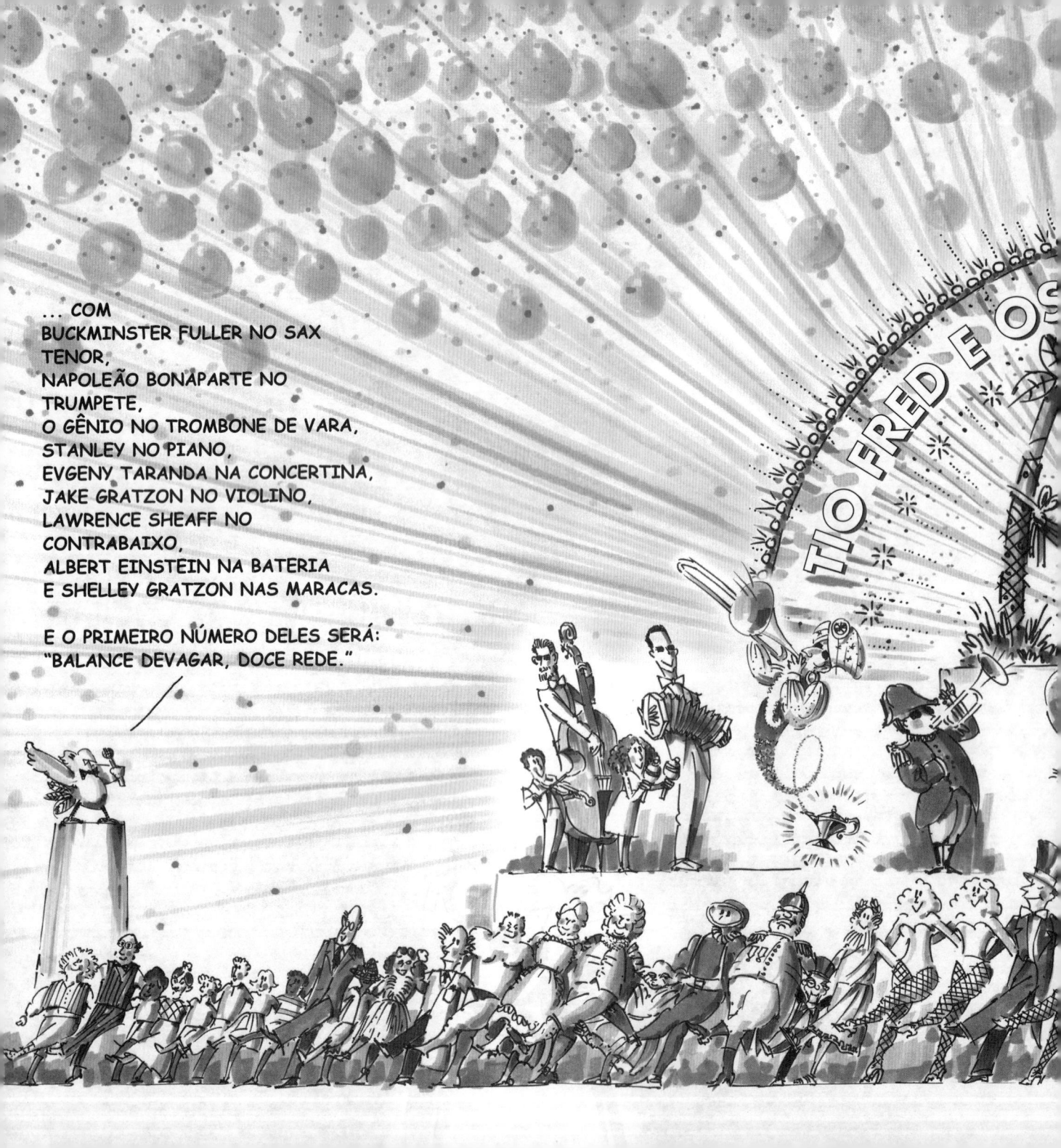

... COM
BUCKMINSTER FULLER NO SAX TENOR,
NAPOLEÃO BONAPARTE NO TRUMPETE,
O GÊNIO NO TROMBONE DE VARA,
STANLEY NO PIANO,
EVGENY TARANDA NA CONCERTINA,
JAKE GRATZON NO VIOLINO,
LAWRENCE SHEAFF NO CONTRABAIXO,
ALBERT EINSTEIN NA BATERIA
E SHELLEY GRATZON NAS MARACAS.

E O PRIMEIRO NÚMERO DELES SERÁ:
"BALANCE DEVAGAR, DOCE REDE."

TIO FRED E OS

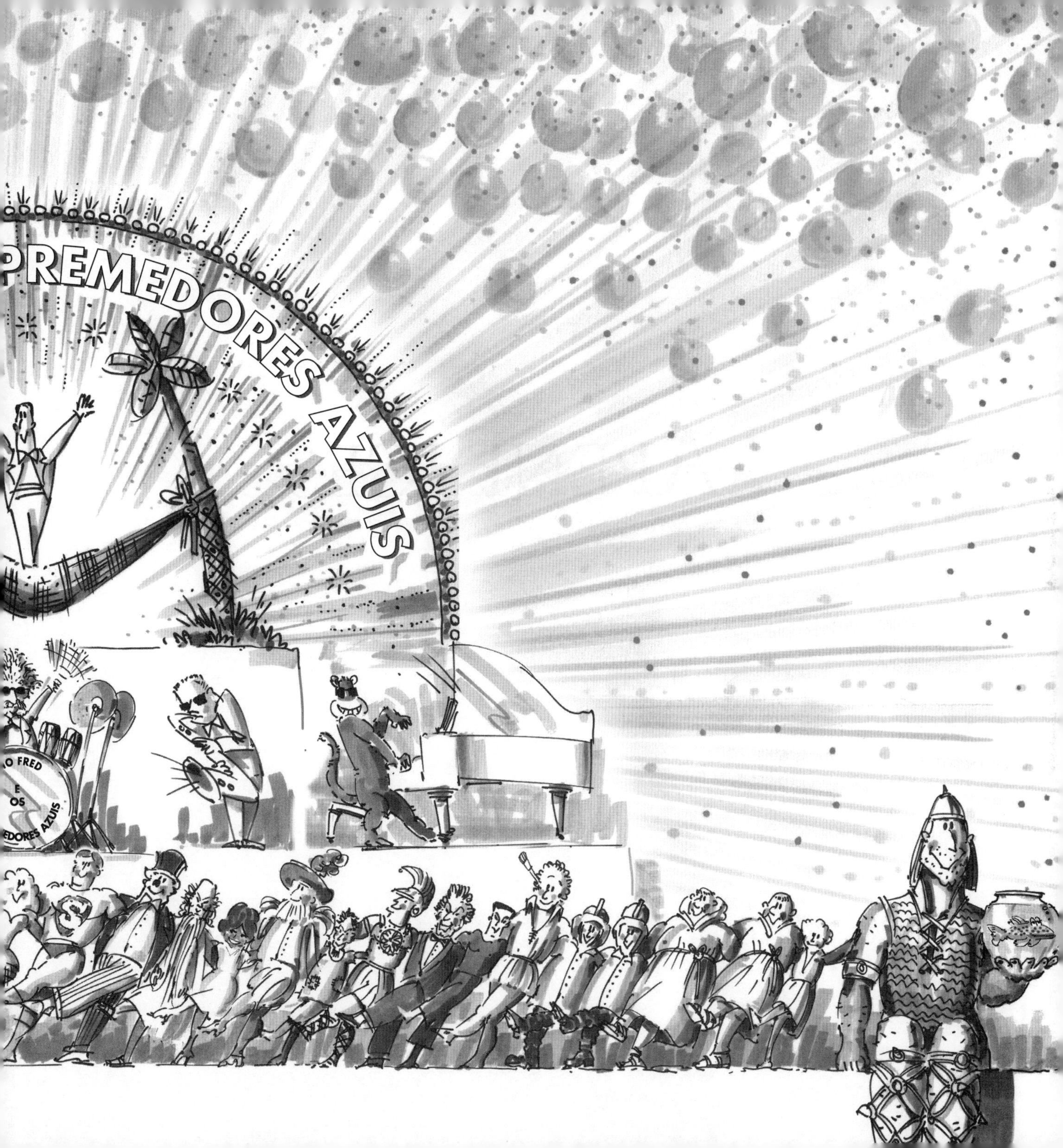

PREMEDORES AZUIS
O FRED
E
OS
EDORES AZUIS

APÊNDICES

APÊNDICE I

SOBRE O AUTOR PARTE 2
O modo mais fácil de não fazer nada

Para a salvação

Retomando de onde paramos a história da minha desapontadora carreira na faculdade, depois de um ano no departamento de matemática, desisti da idéia de que uma educação universitária iria aumentar a minha inteligência. Acabei me atirando nos braços do departamento de artes. Imaginei que, sendo eu obrigado a ficar mais três anos na faculdade, também deveria me alegrar e me divertir.

Entretanto, até mesmo isso não funcionou, e o meu último ano na faculdade tornou-se tão sem sentido e irrelevante que eu decidi abandoná-la – e continuar a procura de uma resposta à minha busca para me tornar mais inteligente. Porém, a menção dessa possibilidade causou uma tal angústia nos meus pais que eu decidi acabar o meu último ano de faculdade, pelo menos para manter intacta a frágil saúde mental deles.

Como marco de referência, 1967–1968 – o auge da Beatlemania – foi o meu último ano na faculdade. O meu foco principal naquele tempo era o rock-and-roll, e eu estava tocando bateria loucamente com uma banda barulhenta e infernal. Como todos da minha geração, eu estava completamente apaixonado pelos Beatles. Eu examinava cada palavra e cada nota minuciosamente. Os artigos sobre eles estavam por todos os lados e eu absorvia cada um deles.

Acho que foi na revista *Time* que li pela primeira vez que os Beatles estavam aprendendo meditação com um sábio indiano, o Yogue Maharishi Mahesh. No começo, isso não teve importância. Fiquei imaginando (inclementemente) quem poderia ser esse homem e o que os Beatles poderiam estar vendo nele. Mas, é claro, logo me lembrei que os próprios Beatles eram, afinal, o ápice de tudo que era bom e do que valia a pena conhecer. Em resumo, se os Beatles estavam fazendo isso, eu deveria conhecê-los.

Foi então que ouvi dizer que o Maharishi ia ser entrevistado num famoso programa de televisão. Cheio de curiosidade, fui assisti-lo. Na verdade, eu estava mais interessado no que o Maharashi poderia ter a dizer sobre os Beatles do que qualquer outra coisa. Maharishi foi apresentado por Johnny Carson, o entrevistador, como um homem voltado para a paz, que irradiava uma alegria tão contagiosa que divertia todas as pessoas à sua volta. Com essa introdução e o conhecimento do tom do programa, esperava assistir a um comediante jovial fazendo brincadeiras e contando piadinhas sobre os Beatles.

Maharishi acabou com a minha expectativa. Ele entrou no palco com graça e serenidade. Parecia incorporar a sabedoria dos tempos. Eu nunca tinha visto ninguém chegar tão perto de ser dessa forma. Johnny Carson estava incomumente nervoso e profundamente respeitoso, na presença daquele que era obviamente um venerável sábio. Ficou imediatamente evidente que Maharishi era especial e ficou igualmente óbvio para mim por que os Beatles se sentiam atraídos por ele. O mais interessante é que ele não proferiu uma palavra sobre os Beatles.

Depois de ver Maharishi na televisão, eu definitivamente quis aprender a meditação que ele estava divulgando. Na manhã seguinte fiz algumas pesquisas e descobri que, naquela ocasião, ele estava ensinando em apenas dois lugares nos Estados Unidos – Los Angeles e Nova York. Imediatamente liguei para o telefone de Nova York. Como a aparição de Maharishi na televisão tinha criado o maior burburinho, fui posto numa longa lista de espera de pessoas que queriam ouvir a palestra introdutória. As semanas se arrastaram até o convite chegar. Para não deixar margem para nenhum imprevisto, no dia da palestra eu viajei para Nova York com bastante tempo de folga.

Um cantor norueguês de ópera, que era um dos 12 professores qualificados pelo Maharishi para ensinar nos Estados Unidos, apresentou a palestra para um auditório lotado. Diferentemente de qualquer dos professores da faculdade a que eu tinha sido exposto, ele falava linda e naturalmente – sem anotações, sem cátedra, sem microfone, sem um vestígio de nervosismo ou agitação. Eu estava aproveitando a apresentação dele tanto quanto a sua presença, mas uma coisa que ele disse saltou para mim como se fosse um canguru. Ele disse que a prática costumeira da técnica de Meditação Transcendental faria a pessoa *mais inteligente*. Fiquei atônito! A minha desapontadora experiência na faculdade certamente tinha me cansado. Eu nunca tinha ouvido ninguém dizer isso antes. A minha curiosidade crescente para ver se essa previsão poderia verdadeiramente tornar-se realidade me levou a fazer a inscrição para aprender a técnica de Meditação Transcendental.

Educação sutil

Realmente, lá no fundo, a verdade seja dita, eu estava preocupado, temendo que o programa de Meditação Transcendental não funcionasse para mim. Sendo um sujeito do tipo irrequieto, fiquei imaginando se eu seria capaz de ficar sentado quieto durante o tempo suficiente para realmente fazer isso.

O dia esperado chegou. Vesti meus melhores trapos, colhi alguns narcisos para dar ao meu instrutor e cheguei para a hora marcada com tempo de sobra.

Finalmente, a hora da minha lição chegou. Sentei-me sozinho com o meu professor, que me instruiu. A técnica da Meditação Transcendental era surpreendentemente fácil de fazer. E funcionou imediatamente. Eu me senti relaxado até a medula. A minha preocupação com a minha inquietude revelou-se sem fundamento. Ficar sentado durante 20 minutos foi puro prazer.

Como tinha sido instruído, eu praticava por 20 minutos, duas vezes por dia – uma vez de manhã e outra no fim da tarde. A experiência era sempre forte e profunda. Instantes depois de começar, a minha mente se acalmava e ficava deliciosamente em paz. Eu pensava muito, muito delicadamente. Estava experimentando uma imobilidade interior – completamente desperto mas, ao mesmo tempo, extremamente relaxado – a ponto de quase não respirar.

O melhor, entretanto, era que paralelamente ao fato de sentir a minha mente mais clara e o meu corpo rejuvenescido depois da prática, comecei a perceber um efeito cumulativo. Os maus hábitos desapareceram. A minha saúde melhorou. A insônia desapareceu. Por um lado, eu me sentia muito mais relaxado e tranqüilo com relação à vida e, do outro, sentia-me muito mais motivado e entusiasmado do que nunca. Sentia-me particularmente satisfeito por perceber que tinha me tornado mais amoroso e tolerante com os outros.

Mas, acima de tudo, percebi que o meu raciocínio estava mais forte. Fiquei surpreso. Seria possível que o programa de Meditação Transcendental estivesse me tornando mais inteligente? Sim! A cada dia eu estava definitivamente despertando e estimulando mais e mais a minha inteligência inata.

Finalmente, eu tinha encontrado o que procurava.

O programa de Meditação Transcendental foi, e ainda é, um prodígio trabalhando para mim e eu amo tudo o que se refere a ele. Quando soube que poderia me tornar professor da técnica de Meditação Transcendental, eu agarrei a oportunidade. O pensamento de dar às pessoas uma técnica simples que iria melhorar-lhes incrivelmente a vida me fez vibrar de alegria. Em 1970, estudei com o próprio Maharishi e saboreei cada palavra ouvida. No final do treinamento, ele me fez professor, uma posição que prezo acima de todas as coisas. Eu não poderia me sentir mais abençoado.

Quando voltei para casa, meus pais, percebendo tantos progressos em mim (com a única exceção da minha ética de trabalho), resolveram aprender a técnica da Meditação Transcendental comigo. Minha mãe, desde o dia em que ensinei a ela, pratica a meditação com uma regularidade infalível. Meu pai também aproveitou sua prática todos os dias até o fim da sua vida. Tanto ele quanto ela ficaram mais calmos, muito mais felizes e gozaram de uma saúde melhor. (A propósito, meu pai viveu o tempo suficiente para ficar muito feliz em ser surpreendido com o meu sucesso empresarial.)

O tempo passa

Tenho praticado a técnica de Meditação Transcendental desde 1968. Nunca deixei de praticá-la. Eu a vejo como a coisa mais importante que faço diariamente. E é certamente uma das mais sublimes. É o *modo preguiçoso* definitivo – em que não fazer nada traz a realização de tudo.

Em conseqüência, percebi que cada ano fica melhor e mais divertido do que o anterior. Raramente fico doente e ainda mais raramente deprimido. O meu coração está repleto e parece que não consigo achar ódio, malícia ou maldade dentro de mim. As minhas experiências sensoriais, mentais e espirituais ficam mais ricas, mais profundas e mais refinadas a cada dia.

Como esclarecimento, devo dizer que o programa de Meditação Transcendental não envolve crenças. É simplesmente uma técnica. Funciona quer você acredite nela ou não. E, em vez de entrar em conflito com qualquer religião, ela é um complemento de todas as religiões.

O homem interior se renova dia a dia.

II Coríntios

Por que ela é tão eficaz

A técnica de Meditação Transcendental é eficaz porque se baseia na tendência natural da mente.

Vou assumir por alguns segundos o meu papel de professor. Como tudo o mais no universo, o pensamento tem muitos níveis – do mais ativo (em que um pensamento forma a base de uma ação) ao mais sutil, em que o pensamento pela primeira vez surge na consciência. A técnica de Meditação Transcendental deixa a sua mente experimentar sistematicamente níveis cada vez mais sutis de pensamento até chegar ao mais sutil. A sua mente então transcende todo o pensamento. Em outras palavras, vai além do pensamento e você experimenta o estado mais simples e mais tranqüilo da sua consciência – a consciência pura. Aqui, a atividade mental cessa. A sua mente está amplamente desperta dentro de si mesma – tranqüila e serena.

Assim, em vez de ficar tentando tornar o raciocínio mais forte e mais inteligente trabalhando no nível do pensamento, o programa de Meditação Transcendental tem sucesso porque deixa a mente se mover além do pensamento para experimentar a base do pensamento. E faz isso da maneira mais simples, natural e sem esforço.

Isso tudo acontece muito espontânea e naturalmente. Não exige esforço nenhum nem controle de qualquer espécie. Por ser tranqüilo e por sua capacidade para utilizar o poder do sutil, o programa da Meditação Transcendental é perfeito para qualquer aspirante a preguiçoso.

Intuição e idéias geniais

Vamos dar uma espiada no que significa ficar mais inteligente. Quando penso na minha concepção inicial, percebo o quanto estava equivocado. Usar mais o cérebro acaba por ser muito mais vantajoso do que simplesmente ser capaz de lembrar mais, manipular melhor os fatos e alcançar os índices mais altos nos testes de QI. O que acontece quando você está usando mais o cérebro é muito surpreendente. Eis uma amostra prévia dos fogos de artifício.

No Capítulo 12, dissemos que o repouso do cérebro é essencial para criar idéias geniais. Agora, se pudermos aumentar o poder de atuação do descanso tornando-o mais profundo, estaremos abastecendo essencialmente as engrenagens para uma atuação externa altamente dinâmica, eficiente e efetiva. Quanto mais profundo o repouso do cérebro durante a fase de descanso, mais o seu gênio inato vai se mostrar em atividade. Com isso, deixem-me dizer que a técnica de Meditação Transcendental dá ao cérebro o descanso mais profundo possível que jamais encontrei. Não consigo imaginar um descanso mais profundo.

Dando um passo além, o nosso mais poderoso nível de intuição reside no ponto de junção do nível mais sutil de pensamento e a sua fonte – a consciência pura. Cultivar esse extraordinário nível de imobilidade cria um raciocínio com brilho e lucidez incomparáveis. Essa qualidade de pensamento se desenvolve naturalmente quando você experimenta regularmente toda a extensão do processo de raciocínio e inocula o valor da consciência pura no seu sistema nervoso.

Ciência crua

A minha experiência com os efeitos maravilhosos do programa de Meditação Transcendental não são fora do comum. Na verdade eles são típicos.

No correr dos últimos 40 anos, pesquisadores de todo o mundo conduziram muitos experimentos dos efeitos do programa de Meditação Transcendental. Este é o programa de desenvolvimento pessoal mais extensivamente pesquisado e validado do mundo. Foram feitos mais de 600 estudos, realizados em mais de 200 universidades e institutos de pesquisa em 30 países. Muitos desses estudos foram publicados em prestigiosos jornais e revistas científicos e registraram benefícios sem precedentes em todas as áreas da vida – do desenvolvimento das capacidades mentais latentes à melhora da saúde, do fortalecimento da personalidade ao aperfeiçoamento dos relacionamentos pessoais.

O valor de não fazer nada

Como uma coisa tão simples, que não exige nenhum esforço, pode produzir uma enxurrada tão grande de benefícios? A técnica de Meditação Transcendental faz duas coisas incríveis:

1. Remove o stress para fora do corpo. Não estamos falando de lidar com o stress – estamos falando de dissolver o stress. Como nuvens tapando o Sol, o stress na mente e no corpo é o que bloqueia a expressão do nosso potencial completo. Como a mente e o corpo estão intimamente ligados, quando a mente se acalma e experimenta estados mais sutis de pensamento, o corpo se tranqüiliza e experimenta estados mais profundos de repouso. Esse repouso é altamente proveitoso para o corpo para recuperá-lo de alterações, fadiga, esgotamentos e tensão.

2. Desenvolve o potencial latente do cérebro. Aqui não estamos falando de aprender alguma nova teoria ou filosofia – estamos falando de fazer um *upgrade* do *hardware* da fisiologia do cérebro. O que dá condições para que o cérebro funcione como foi planejado para funcionar – com maior regularidade, maior velocidade de processamento e acesso às reservas do cérebro que normalmente não são usadas.

Temos aqui uma técnica simples, natural e que não exige esforço para destravar os 95% latentes do nosso potencial. Todos neste planeta têm a capacidade de experimentar essa condição singular de estar tranqüilamente desperto e com o corpo em repouso profundo. Todos podem começar a cultivar dentro de si o oceano de criatividade, inteligência e felicidade potenciais que andam procurando.

Que professor, diretor de escola, professor universitário ou presidente não iria querer pessoas assim como seus alunos? Essa é uma abordagem de *dentro para fora* para a educação que pode ser facilmente acrescentada ao método atual de *fora para dentro* – expandir a mente de dentro dela, de tal forma que possa absorver mais conhecimentos vindos de fora.

Pela minha experiência, o programa de Meditação Transcendental é o elemento que está faltando na educação – aquele que desperta o nosso íntimo mais profundo e realmente nos torna mais inteligentes.

Como aprender

O programa de Meditação Transcendental é ensinado de uma maneira precisa (e sutil) durante um período de quatro dias, durante cerca de uma hora por dia. A Meditação Transcendental não pode ser ensinada por meio de livros ou pela Internet. Só pode ser aprendida pessoalmente. Uma das razões pelas quais funciona tão bem é que é ensinada sistematicamente por instrutores altamente treinados.

Se estiver interessado, visite www.tm.org, ou mande um e-mail para fred@lazyway.net. Tentarei indicar a vocês a direção certa.

®Transcendental Meditation e TM-Sidhi são marcas registradas licenciadas para Maharishi Vedic Education Development Corporation e usadas com permissão.

APÊNDICE II

AGRADECIMENTO ESPECIAL

Muitas pessoas maravilhosas merecem meus agradecimentos por terem me ajudado com este livro. Em primeiro lugar, preciso destacar uma pessoa a quem desejo agradecer separadamente: **Yogue Maharishi Mahesh.**

Por trás da irreverência e do humor deste livro estão verdades profundas. E essas eu aprendi com Maharishi.

Ele é um homem extraordinário, acredito que o homem mais extraordinário que existe na atualidade.

Maharishi é um sábio e professor iluminado com a mais profunda compaixão pela humanidade. Os programas Maharishi Transcendental Meditation e TM-Sidhi® são dádivas especiais para a humanidade. Durante séculos, antes que ele apresentasse a sua técnica de Meditação Transcendental, a meditação era considerada difícil, exigindo muita renúncia e concentração. Maharishi mudou tudo isso e deu a milhões de pessoas a experiência fácil do profundo silêncio interior, que é o núcleo criativo e divertido de todo ser humano. Maharishi mostrou que todo o objetivo da meditação – a iluminação – pode ser alcançado fácil e naturalmente por qualquer um com essa técnica. Ao ver o enorme progresso na minha própria vida tanto quanto na vida de muitas outras pessoas, estou convencido de que a prática disseminada do programa de Meditação Transcendental pode transformar a sociedade, colocando ao alcance de todos saúde, prosperidade, realização e paz.

Por tudo o que ele me deu, para a minha família e para o mundo, eu ofereço a Maharishi a minha mais profunda gratidão, meu amor e meu apreço.

APÊNDICE III

AGRADECIMENTOS

Em primeiro lugar, preciso agradecer à minha maravilhosa mulher, que é um turbilhão de amor, beleza, talento artístico e dinamismo. **Shelley** criou um ambiente doméstico paradisíaco próprio para crescer, criar, divertir-se e desabrochar. Sem seu apoio, encorajamento, senso de humor, poder de organização e conselhos sábios, este livro não existiria.

Quero agradecer ao meu filho **Jake** por seu computador poderoso e sua habilidade quando o meu computador e/ou conhecimento estavam muito fracos para conseguir terminar o trabalho. **Jake** é responsável também pelo nome Soma Press. (*Soma*, a propósito, é a palavra em sânscrito para o fluxo mais refinado da mente, dentro e fora de tudo, que une o universo para criar uma unicidade superfluida e integrada.) Vivo em contínua admiração por sua criatividade e atividade contínuas e vibrantes.

Lawrence Sheaff, o fantástico ilustrador deste livro, é um querido amigo da Inglaterra que conheço desde, bem, desde os dias em que tentamos mover juntos o cofre (fato relembrado no Capítulo 3). Naquela ocasião, tudo o que eu conhecia dele era o seu talento excepcional em projeto gráfico, porque isso era tudo com que nos envolvíamos na ocasião. Só 30 anos depois eu finalmente vi seus quadros sublimes – a síntese da visão espiritual iluminada. (Para ver a série *Absolute Image*, de Lawrence, visite o site www.absoluteimage.net.) Mas foi uma surpresa alucinante para *nós dois* descobrirmos que Lawrence era também um cartunista de mão cheia.

Poder contar com a colaboração de Lawrence nas ilustrações deste livro foi uma resposta para as minhas preces. De fato, minhas preces se provaram pobres comparadas ao que Lawrence realmente trouxe para este livro. Eu não poderia ter pedido um colaborador melhor. Eu queria que as ilustrações interagissem com o texto em vez de ser apenas uma simples tradução visual do texto. Por sua compreensão, senso de humor e versatilidade como artista, Lawrence foi ideal.

As nossas primeiras sessões foram polidamente profissionais – nós cautelosamente fomos tateando em torno um do outro, procurando por um terreno comum. Nenhum de nós queria ofender o outro. Entretanto, não demorou muito, na embriaguez natural de criar juntos, começamos a criar mais personagens, mais ultrajantes, mais enfeitados e a toneladas da mais completa sandice. Conforme os desenhos deliciosos e extravagantes fluíam magicamente da caneta de Lawrence, ronronávamos de tanto rir. Os resultados finais foram perfeitos – as ilustrações acrescentaram uma *dimensão magnífica* ao livro. Do fundo do coração, obrigado Lawrence, por ter feito do tempo que passei com você uma experiência hilariante. Vejo um futuro eufórico para esta parceria.

Quando até mesmo a habilidade de Jake não era suficiente ou não estava disponível, muitas vezes era necessário ativar a artilharia pesada. Invariavelmente isso significava **Evgeny Taranda**. Ele é uma fonte ambulante e falante de soluções e de conhecimento sobre computadores. E quando ele não sabe alguma coisa, não demora muito para conseguir a informação. Ter Evgeny na equipe nos deu uma grande confiança e fez tudo correr mais suavemente. Quando chegou o momento de programar cada página e produzir este livro, Evgeny foi indispensável. Ele foi o elo de especialização que permitiu que Lawrence e eu fizéssemos o texto e as ilustrações fluírem juntas. Não sei o que teria feito sem esse gênio técnico, dotado de conhecimento abrangente, paciência sobre-humana e ajuda altruísta.

Um pouco antes fui de carro até Chicago com **Craig Pearson**. Era uma viagem longa (10 horas de carro), e eu passei quase todo o tempo contando histórias. Já no final da viagem, para provar alguma questão, contei a Craig a história sobre a movimentação do cofre. Ele ficou intrigado e foi tateando para saber mais. Finalmente lhe confessei que tinha escrito a história para um livro que começara anos antes, mas que eu tinha abandonado quando um dos meus negócios decolou. Ele me perguntou se podia ler o livro. Eu me desculpei dizendo que tinha me esquecido do que havia nele – não queria me arriscar a passar alguma vergonha. Ele insistiu incansavelmente – assim, finalmente, depois da nossa volta, eu desenterrei a pasta do arquivo do meu computador e dei a ele, juntamente com uma lista de advertências e desculpas antecipadas. Para minha surpresa, ele amou o livro. Os elogios foram tão efusivos, que me senti motivado para terminá-lo. Assim, por seu infatigável espírito de animador de torcida, sem mencionar sua inestimável edição e o tempo e a atenção que tão generosamente me concedeu, com o poder investido em mim, concedo a Craig Pearson o título de Nobre Parteira de **Sucesso Sem Esforço**.

Bem no fundo, devo ter desejado a melhor editora do mundo porque ela caiu na minha vida espontaneamente no momento perfeito da existência deste livro. **Joyce Weisman** é um gênio editorial. Nunca encontrei ninguém que tivesse uma visão tão refinada da estrutura sutil da linguagem. Ela é extremamente sensível às nuances das palavras e da lógica. O mais impressionante, entretanto, é a sua visão penetrante sobre a alma de um livro. Se sentisse que algo não estava bom no meu original, ela aplicava um espremedor azul até ficar satisfeita com o que eu tivesse escrito. Joyce claramente edita um livro com uma mão amorosa. Ela inspira soluções e torna a correção de falhas na escrita um processo divertido. Sei que este livro é infinitamente melhor por causa da sua notável aptidão editorial e extraordinária preocupação com o leitor. Eu me considero muito sortudo por ter o prazer de interagir com ela.

Assim que o primeiro original ficou pronto, era essencial para mim arranjar um amigo confiável que me desse sua apreciação mais desinteressada. **Bobby Roth** fez esse papel. Ele me disse o que estava bom e me disse quando eu estava deixando a bola cair. Sua experiência, visão penetrante e senso de humor foram totalmente necessários para tornar esse livro coerente como um todo. Conto com a amizade de Bobby como uma das minhas maiores bênçãos.

E, falando de amigos, se eu tivesse de escrever uma definição para a frase *um amigo na necessidade é um amigo de verdade,* eu imediatamente poria ao lado dela a foto de **Steve Rubin** sorrindo. Steve é aquela espécie de amigo que está SEMPRE presente quando preciso dele. Simplesmente não há ninguém melhor do que Steve. Eu aprecio o seu apoio, a sua amizade e encorajamento. A revisão do meu livro e a confiança que expressou superalimentaram tanto a Lawrence quanto a mim durante a fase de ilustração. Fico muito comovido com sua amizade.

Quero agradecer a **Shepley Hansen**, um artista com um sentido brilhante de desenho, bom gosto impecável e atenção iluminada para detalhes, por sua inestimável contribuição no começo do processo do projeto gráfico e por criar os modelos de *layout* para este livro.

Martha Bright, cujo nome já subentende o seu brilho, fez um trabalho notável na revisão das provas. Agradeço a ela por seu olho crítico e seu lindo espírito. O único modo de ainda aparecer algum erro é se eu acrescentar algum texto novo depois da revisão final – como essas frases que acabei de escrever sobre Martha.

Lynn Franklin, *extraordinária* agente literária, ajudou-me de muitas formas. O conselho que me deu no começo deste projeto deu formato e estilo a este livro. Mas ela também ajudou, inconscientemente, a começar uma revolução no setor editorial – ela se recusou a lidar com o meu livro dizendo que não era do tipo que ela representa. Então me explicou como funcionava o mundo editorial. Eu me senti totalmente desmoralizado. O que acabou por se mostrar uma coisa muito boa. Foi aquele telefonema de Lynn que me inspirou a começar uma empresa editorial nova, melhorada, amiga dos artistas. O resto logo será história.

Há muitas outras pessoas que merecem meus agradecimentos. E estas são algumas. Agradeço a **Melanie Brown** por sua abundante pesquisa, **Bob Oates** por seus conselhos sábios, **Tom Makeig** por seu aconselhamento legal e a **Allen Reminick** por seu oportuno gerenciamento de tempo, senso de oportunidade e de falta de tempo.

Um agradecimento especial para o meu querido amigo que partiu, **Adam Craig**, a quem Lawrence chamou de "Astronauta", que fundou o Shaky Brush Studios, cujo senso artístico, de beleza, estilo, perícia, humor e "adoção" não tinha paralelo. Foi com você, meu excelente amigo, que vencemos aquele cofre arrogante usando somente nossos mindinhos. Você vai viver para sempre no meu coração.

O que ficou de fora

O QUE FICOU DE FORA

O ESTILINGUE

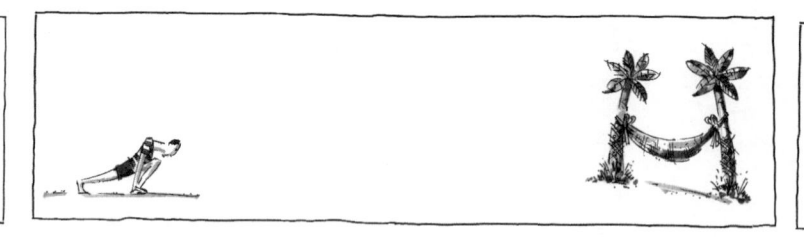

A QUEDA DA BOMBA

O APERTO DA SUCURI

O LANÇAMENTO

O MISTURADOR

A AVESTRUZ

COMO É BOM
NÃO FAZER NADA

E CONSEGUIR TUDO